für Burkhard – er weiß, warum

INHALT

SYMBOLE

Nichtraucher | non-smoking	
Raucher | smoking	
ruhige Lage | quiet location	
zentrale Lage | centrally located	
Telefon | telephone	
TV | TV	
Radio | radio	
W-LAN (Kosten erfragen) | Internet access (ask for charges)	
Kitchenette/Kühlschrank | kitchenette/fridge	
Bad/WC im Raum/Apartment | bath/WC ensuite	
Bad/WC auf dem Gang | bath/WC shared	
Balkon/Terrasse | balcony/patio	
Garten/Liegewiese | garden/sunbathing area	
Kinderbett | kid's bed	
Spielplatz | playground	
Lift | elevator	
Sauna/Wellness | sauna/wellness area	
Schwimmbad/Pool | swimming pool/spa	
Haustiere erlaubt | pets allowed	
behindertengerecht | wheelchair access	
Angebot für Künstler/Arbeitsmöglichkeiten | offers for artists/working facilities	
Fahrradverleih | bike hire	
eigener Parkplatz | own parking/garage	

Wir haben alle Informationen sorgfältig recherchiert. Dennoch können uns Fehler unterlaufen sein, und natürlich kann es zwischen den Auflagen zu Veränderungen bei den Gastgebern kommen. In beiden Fällen freuen wir uns über Ihren korrigierenden Hinweis, für den wir uns im Falle der Veröffentlichung mit einem Buch der Folgeauflage bedanken werden.

Bitte richten Sie Ihre Information an:
ibwa@verlag-hellblau.de

EINLEITUNG

On tour mit transportablem Baumstamm von Thomas Neumaier (2010)

Kulturtourismus boomt: Kaum eine Stadt, eine Region oder ein Land, das nicht auf die kulturellen Vorzüge und Highlights und auf verborgene Attraktionen hinweist. Das passt zu meiner Triebfeder als Autorin, Kunst im besten Sinne »be-greif-bar« zu machen. Eben deshalb interessieren mich Unterkünfte, die von Künstlern, Kunstliebhabern oder -sammlern geführt werden. Entsprechende Adressen sammle ich seit längerer Zeit, weil – typisch Journalistin – daraus eines Tages bestimmt »ein Thema« werden würde.

Mit dem Reiseführer »In Bed With Art« öffne ich nun das Schatzkästlein. Hierbei spielen persönlicher Geschmack oder bestimmte Regionen keine Rolle. Entscheidend ist auch nicht, ob es sich um ein einfaches Zimmer oder ein Fünf-Sterne-Hotel mit allem Luxus handelt. Wohl aber, dass hier nicht nur einfach schöne Bilder dekorativ an den Wänden hängen, sondern die Betreiber Kunst lieben, leben und ihre Herzenswünsche realisieren.

Entsprechend ist das Reisehandbuch, das sich auch für spontane Reisen von Mecklenburg-Vorpommern über Rajasthan bis Benin und Australien eignet, keine repräsentative Übersicht über »alle« Unterkünfte dieser Art. Vielmehr geht es mir darum, Ihnen die Gastgeber mit ihrem Angebot und ihrer individuellen Ausrichtung vorzustellen. »In Bed With Art« möchte Appetit machen auf eine andere Art des Reisens mit Schwerpunkt auf persönlichen Begegnungen und Austausch. Und natürlich die Freude an Kunst und Kultur der jeweiligen Region vermitteln.

Die Vielfältigkeit der Angebote regte uns dazu an, die Unterkünfte dort in englischer Sprache vorzustellen, wo kein oder kaum Deutsch gesprochen wird. So finden Sie gleich die richtigen Begriffe, wenn Sie dort anfragen.

Besonders bedanke ich mich bei den 100 Gastgebern weltweit, die mir Persönliches und Informatives über ihre Zimmer, Pensionen und Hotels mitteilten. Und ebenso bei all jenen, die mir Hinweise gaben auf Gastgeber, die »passen« und sich nun hier finden. Davon sind mittlerweile so viele zusammengekommen, dass ein zweiter Band in Reichweite ist. Womit ich Sie, liebe Leserin und lieber Leser, dazu einladen möchte, mir passende Adressen zu nennen. Wenn eine von denen in einem Folgeband aufgenommen wird, erhalten Sie ein Gratisexemplar der entsprechenden Ausgabe.

Ein weiterer Dank sei noch erlaubt: Mit Arnd Rüskamp, dem hellblau-Verleger, habe ich spontan einen begeisterten Mitstreiter gefunden. Die Grafikerin Stefanie Kordus setzte die Texte und Bilder geduldig in Lesbares um, so dass ein für Sie hoffentlich anregendes und praktisches Handbuch entstand.

Unter www.in-bed-with-art.de halten wir Sie auf dem Laufenden. Und wenn es Ihnen bei einem »In Bed With Art«-Gastgeber gefallen hat, lassen Sie es uns wissen!

Katharina Knieß

im Herbst 2011 | ibwa@verlag-hellblau.de

MIT DER KULTUR AUF TUCHFÜHLUNG

Mobil und flexibel zu sein gehört heute für die meisten zum Alltag. Entweder aus Neugier und purer Lust am Reisen oder als Erfordernis zahlreicher Berufe.

Vor allem die Vielreisenden unter den Letzteren stellen dabei jedoch rasch fest, dass Reisen zum einen natürlich generell interessant, aber durchaus auch anstrengend sein kann. Und vor allem, was die immer wiederkehrenden Hotelunterkünfte anbelangt: oft unendlich langweilig!

Da sitzt man abends allein in einer fremden Stadt in meist mehr oder weniger ähnlich ausgestatteten, mehr oder weniger anonymen Zimmern und versucht am nächsten Morgen die lokalen Spielregeln des Frühstücksbüffets in möglichst kurzer Zeit zu ergründen, bevor es im Sauseschritt zum nächsten Einsatz geht. Aber auch die »Lustreisenden« haben sich oft dem Spagat zu stellen, dass sie zwar eigentlich Land, Leute und deren Kultur kennenlernen möchten, bei der Unterkunft aber oftmals, vor allem in großen Häusern, über eine eher abstrakte Metaebene nicht hinaus kommen.

Wie erfrischend ist es da, eine Sammlung von liebevoll und individuell von Künstlerinnen und Künstlern ausgestatteten Quartieren in die Hand zu bekommen, die einem bei jeder Reise ganz persönliche Einblicke in den jeweiligen Aufenthaltsort ermöglichen! Und die zudem den Vorteil bieten, dass man hier mit den Gastgebern, so man denn möchte, ins Gespräch kommen kann und dabei wirklich etwas über Land und Leute erfährt. Der geografische Bogen ist dabei weit gespannt: Die Entdeckungstour kann eigentlich unweit der eigenen Haustür beginnen und macht weder vor der deutschen noch vor der europäischen Grenze

Halt. Da freut man sich als Vielreisende geradezu auf den nächsten Außentermin und hofft, dass angeregt durch diese Veröffentlichung so viele weitere Kunstquartiere beim Verlag eintrudeln, dass bald eine nächste, möglichst zweisprachige Ausgabe erscheint. Damit dann auch ausländische Gäste erleben können, dass es bei uns in Deutschland zahlreiche, gar nicht langweilige, künstlerisch ausgestattete Übernachtungsmöglichkeiten in den verschiedensten Preiskategorien gibt. Aber zunächst dürfen wir nun selbst auf Entdeckungsreise im In- und Ausland gehen!

Sabine Bornemann

Sabine Bornemann leitet seit 1998 den Cultural Contact Point Germany (CCP), die nationale Kontaktstelle für das Kulturförderprogramm der Europäischen Union, angesiedelt bei der Kulturpolitischen Gesellschaft e.V. Zuvor war sie tätig in der Alanus Hochschule für Kunst und Gesellschaft (Alfter) und der Heinrich Böll Stiftung in Köln/Berlin. Heute gilt sie als Expertin zum Thema EU-Kulturförderung, zu dem sie regelmäßig mit Publikationen, Vorträgen und Seminaren beiträgt (www.ccp-deutschland.de).

100 GASTGEBER IM ÜBERBLICK
DEUTSCHLAND

Schleswig-Holstein

1 **Die wohnlichen Gästezimmer |** Tornesch

2 **Landhaus Nordseerose |** Hellschen

3 **Ferienwohnung Watt-Meer |** St. Peter-Ording

4 **Haus am Rosenburger Deep |** Witzwort

5 **Haus Cap Horn |** Nebel/Amrum

6 **Kamps Hotel, Galerie & Café |** Keitum/Sylt

Hamburg

7 **Galerie-Hotel Petersen |** Hamburg

8 **Fleetinsel Gästewohnungen |** Hamburg

Mecklenburg-Vorpommern

9 **Kunstgut Patapaya |** Neukalen

10 **Schloss Bröllin |** Fahrenwalde

11 **Herrenhaus Libnow – Arte Deposito |** Murchin

12 **Künstlerhaus Alte Schule |** Klotzow

13 **Kunst & Kemenaten |** Lassan OT. Klein Jasedow

14 **Kunst & Logis |** Lassan

15 **Ferienatelier »K.-H. Sieger« |** Zempin/Usedom

16 **Atelier-Ferienhaus Ostseeblick |** Ostseebad Kühlungsborn

Mecklenburg-Vorpommern

17 **Atelier im Dornenhaus |** Ostseebad Ahrenshoop

18 **Art.Quartier |** Starkow

19 **Bruchmühle – Werkstatt für Kultur |** Brahlstorf

20 **Gutshaus Rothen |** Rothen

21 **Seehotel am Neuklostersee |** Nakenstorf bei Neukloster

Niedersachsen

22 **Haus Meerblick |** Varel/Nordseebad Dangast

23 **Apart Hotel Spiekerooger Leidenschaft und Residenzen |** Spiekeroog

24 **Paulas Atelier |** Worpswede

25 **Pension im Haus im Schluh |** Worpswede

Bremen

26 **ARTE|P|73 |** Bremen-Neustadt

27 **Die Dependance de Arte |** Bremen

Brandenburg

28 **Künstlerkate |** Breetz

Berlin

29 **mitArt Biohotel |** Berlin

30 **Akademie für Malerei |** Berlin

31 **Hotel Bogota |** Berlin

32 **Propeller Island City Lodge |** Berlin

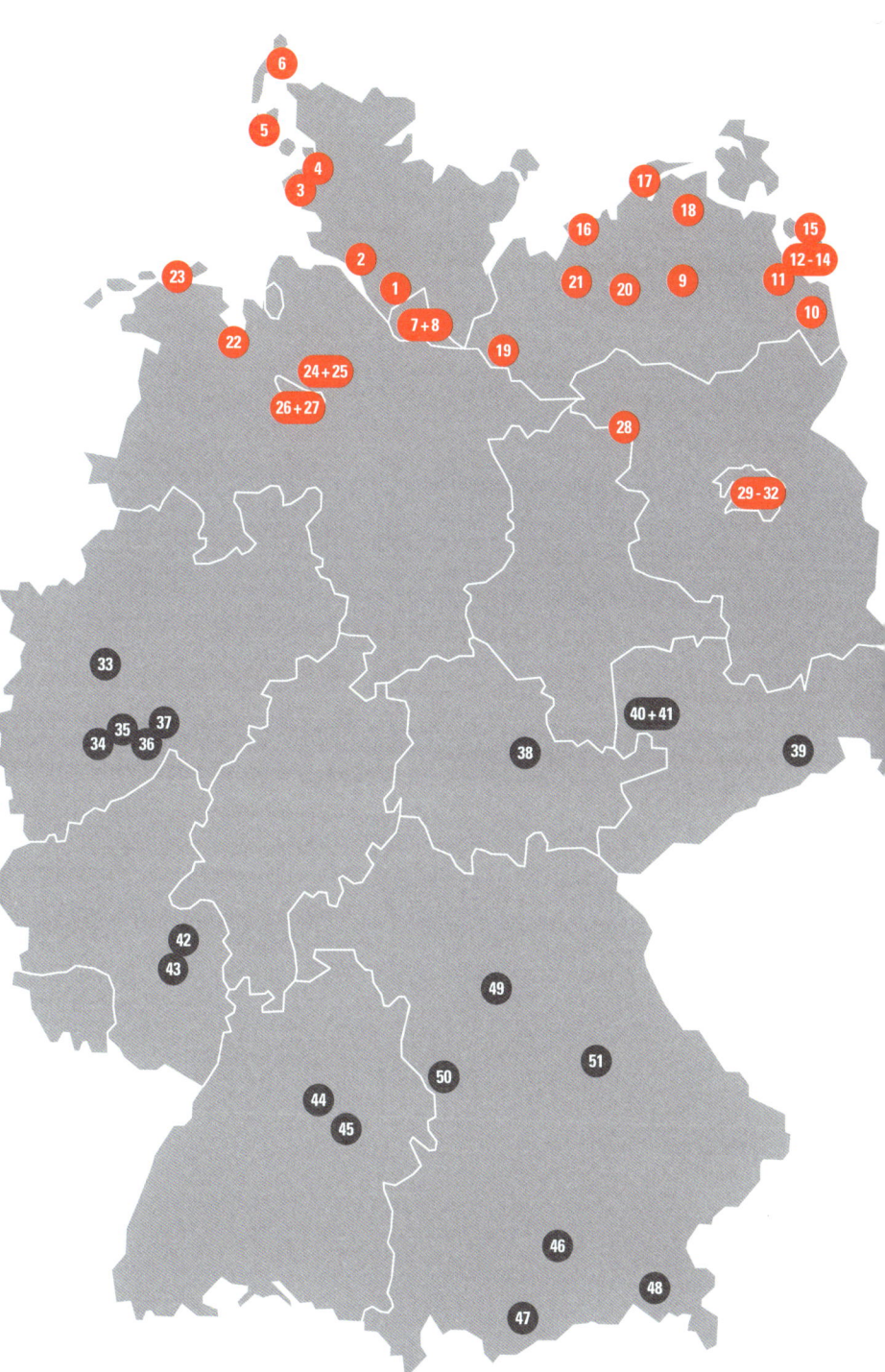

100 GASTGEBER IM ÜBERBLICK
DEUTSCHLAND

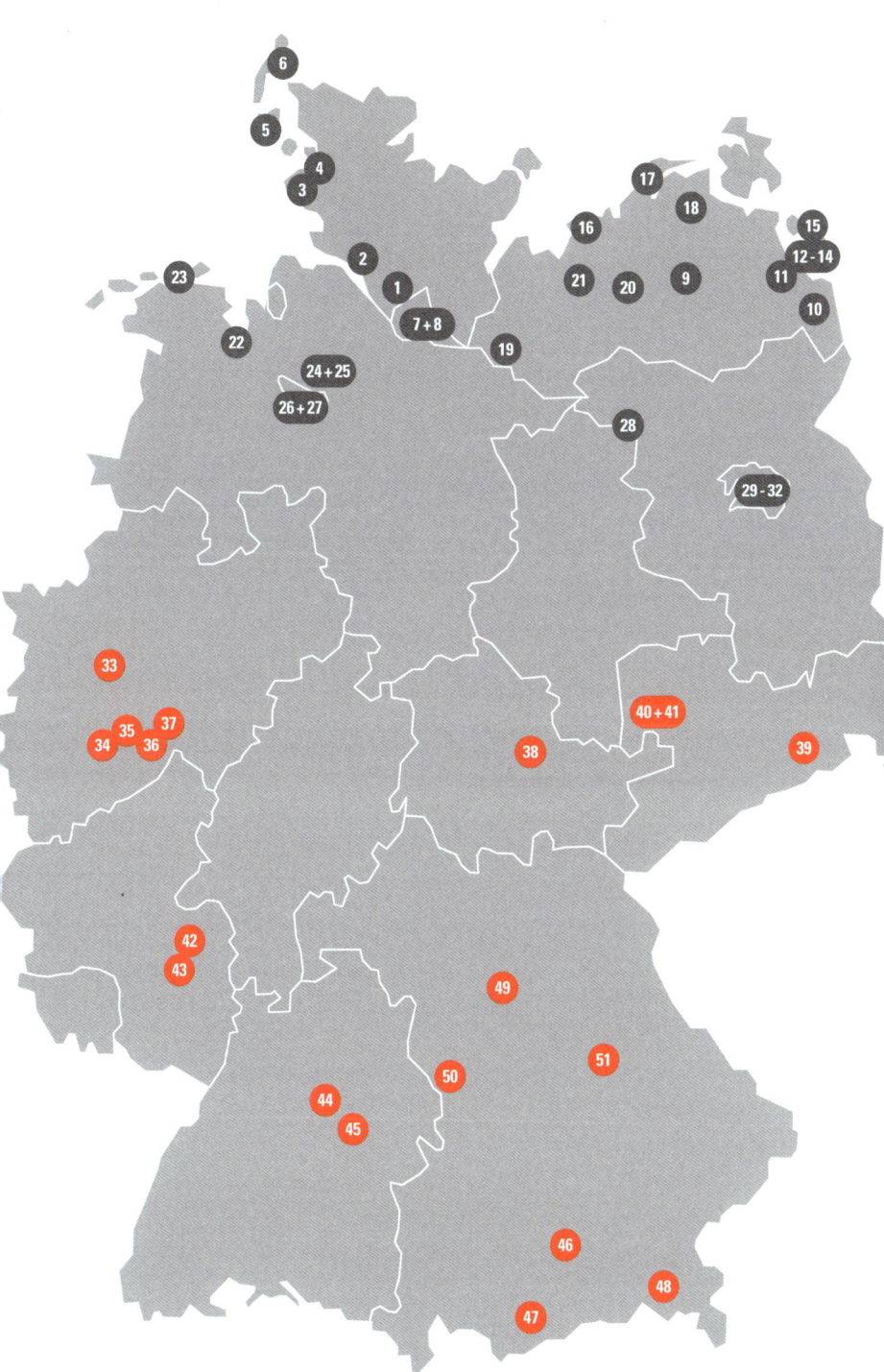

100 GASTGEBER IM ÜBERBLICK
EUROPA

52

100 GASTGEBER
IM ÜBERBLICK
INTERNATIONAL

DEUTSC

HLAND

51 GASTGEBER IN DEUTSCHLAND

DIE WOHNLICHEN GÄSTEZIMMER

Im Nordwesten von Hamburg liegt das aufstrebende Städtchen Tornesch. Hier findet man die schön gestalteten privaten Gästezimmer von Susanne Ester und Jörgen Habedank.

Das kleine Gästehaus ist mit Kunst ausgestattet – nur Originale hängen an den Wänden, eine bemalte Ganzglastür zeigt moderne Glasmalerei.

Die Zimmer – das Rote, das Grüne und das Gelbe Zimmer – sind liebevoll eingerichtet, einfach, aber individuell und persönlich. Die Unterkunft steht für Selbstversorger zur Verfügung. Die komplett eingerichtete Küche mit Essplatz ermöglicht ein eigenständiges Zubereiten und Genießen der Mahlzeiten rund um die Uhr; die Küche lädt zum gemütlichen »Klönsnack« ein.

Weitere Informationen

Tornesch ist ein kleines Städtchen vor den Toren Hamburgs, idealer Ausgangsort für den Großstadtbesuch oder für den Ausflug ins grüne Schleswig-Holstein.

Kontakt

Susanne Ester & Jörgen Habedank
Uetersener Straße 59
D – 25436 Tornesch
Telefon +49-(0)4122-713121
Mobil   +49-(0)176-61164343
art@joergenhabedank.de
www.gast-im-norden.de
www.farbige-kunst.de

Kategorie	Privat/Gästezimmer
Komfort	mittel
Sprachen	Deutsch, Englisch
Zimmer	1 EZ, EUR 30/Übernachtung
	2 DZ, EUR 50/Übernachtung
Verpflegung	Selbstverpflegung
Anbindung	nächster Bahnhof: Tornesch, 1 km
	nächster Flughafen: Hamburg, 30 km

Jörgen Habedank

Jörgen Habedank ist Vollblutkünstler, Maler und Glas- und Wandmaler. Sein Atelier, nur fünf Fußminuten von der Unterkunft entfernt, kann gerne besichtigt werden. Es befindet sich in einem alten Mühlenhaus – hier stoßen Alt und Modern aufeinander, die leuchtende und tiefgehende Malerei trifft auf alte, hölzerne Antriebsräder und 100 Jahre altes Gebälk. Kleine und große Bildformate laden zu Dialogen ein. Der Künstler hat ein offenes Ohr für Fragen, Anregungen und einen künstlerischen Austausch.

Im Atelier steht ein Gastatelier zur Verfügung. Für Menschen, die kreativ arbeiten wollen, denen aber ein Raum oder eine feste Arbeitszeit fehlt, bietet das Kleinatelier in der alten Mühle gute Möglichkeiten für schöpferisches Arbeiten. Der Raum kann stunden- oder tageweise gebucht werden.

Ergänzend bietet Jörgen Habedank seine künstlerische Fachberatung an. Somit sind ideale Bedingungen für ein eigenständiges und zugleich professionell begleitetes künstlerisches Schaffen gegeben.

Tipps

Die Gastgeber können gute Tipps zu lohnenswerten Zielen in der Region geben – seien es Ausflüge in die Natur oder in die Metropole Hamburg, die direkt »anbei« liegt. Das Umland eignet sich hervorragend für Radtouren, die Großstadt für den vollen Kulturgenuss. Weiterführende Links finden sich auf unserer Website www.gast-im-norden.de.

LANDHAUS NORDSEEROSE

Gäste lieben die Ruhe und Abgeschiedenheit in heimeliger Atmosphäre, nur 15 Auto-minuten vom Nordsee-Urlaubsort Büsum und 30 Autominuten vom langen Sand-strand von St. Peter-Ording entfernt.

Ein Tagesausflug nach Hamburg (1,5 Stun-den Fahrt) ist ebenso machbar wie z. B. ein Ausflug zur Insel Sylt. Unser Garten bietet Kunstschaffenden eine ideale Kulis-se für neue Mal- oder Fotomotive.

Gerne sind wir Ihnen bei der Urlaubsge-staltung behilflich und geben Ihnen In-sidertipps für Veranstaltungen und Tages-touren.

Bei Anreise mit der Bahn (über Ham-burg – Heide – Büsum) holen wir Sie ger-ne vom Bahnhof in Büsum oder Süder-deich mit dem Auto ab.

Kontakt

Maike Otto & Malte Keller
Hellschener Weg 5
D – 25764 Hellschen
Telefon +49-(0)4833-429868
info@nordseerose.de
www.nordseerose.de
www.nordsee-kunst.de

Kategorie	Freistehendes Ferienhaus auf 3.000 m^2 Grundstück inmitten von Feldern und Wiesen
Komfort	hoch****
Sprachen	Deutsch, Englisch, Spanisch (Grundkenntnisse)
Zimmer	1 Schlafraum und 1 Wohn-Schlafraum, Küche, Dusche, WC, 2 Etagen, 1 Terrasse
	ab EUR 49/Tag
	Handtücher und Duschtücher sind erhältlich gegen eine Gebühr von EUR 9/Person
Verpflegung	Selbstverpflegung
Anbindung	nächster Bahnhof: Süderdeich, 3 km
	nächster Flughafen: Hamburg, 120 km

Weitere Informationen

Hellschen-Heringsand-Unterschaar trägt den längsten Ortsnamen Deutschlands und liegt zwischen Büsum und St. Peter-Ording nur 4 km von der Nordsee entfernt. Wesselburen ist der nächste größere Ort, in dem es diverse Einkaufsmöglichkeiten, Apotheken, Friseure und Banken gibt.

Maike Otto & Malte Keller

Tauchen Sie ein in eine faszinierende Welt, eine Urlaubswelt voller Kunstgenüsse, die eine Symbiose von individueller Kunst und Ihrem Urlaubsdomizil darstellt.

Die Galerie befindet sich im Ferienhaus »Nordseerose«. In heimeliger Atmosphäre, umgeben von weiten Feldern, Wiesen und einer artenreichen Tierwelt, finden Sie Ruhe und Erholung in Nordseenähe. Während Ihres Urlaubes im Landhaus Nordseerose steht die Galerie selbstverständlich nur Ihnen offen.

Der 3.000 m² große, schön angelegte Garten, die Weite sowie die idyllische Ruhe inspirieren zu jeder Jahreszeit

Tipps

Regionale Ausstellungsreihe Kunstgriff Dithmarschen (www.kunstgriff-dithmarschen.de), diverse Museen in Dithmarschen und Umland wie z. B. Hebbel-Museum in Wesselburen, Museumsinsel in Heide Holstein, Galerie Art und Weise in Heide, Malkurse bei Maike Otto vor Ort nach Absprache. Im Ferienhaus stehen zwei umfangreiche Info-Ordner mit den aktuellen Veranstaltungshinweisen zu Kunst und Kultur, Gastronomie, Ausflugstipps sowie Kartenmaterial für die Gäste bereit.

Kunstschaffende, die die norddeutsche Landschaft im Bild festhalten möchten. Nicht selten hat der ein oder andere Gast im Urlaub in Hellschen sein erstes künstlerisches Werk geschaffen. Die Gastgeber freuen sich über Gespräche mit den Gästen.

FERIENHAUS WATT-MEER

Denkmalgeschütztes Reetdachhaus in Alleinlage am Deich.

Ehemaliger Bauernhof mit großem Garten, Hofwiese und schattigen Plätzen unter Bäumen, Spielbaum mit Fischernetzen zum Klettern und großer Hängematte. Tischtennis und kostenlos nutzbare Fahrräder in der Scheune. Atelierführung auf Wunsch.

Kontakt

Frauke Petersen
Koogsweg 1
D – 25826 St. Peter-Ording
Telefon +49-(0)4863-8226
Mobil +49-(0)163-1446548
mail@fraukepetersen.de
www.watt-meer.de
www.fraukepetersen.de

Kategorie	Apartment/Ferienwohnung
Komfort	mittel
Sprachen	Deutsch, Englisch
Zimmer	2 Ferienwohnungen
	je Wohnung (4 Personen) EUR 50 – 85/Tag
	(je nach Saison), Endreinigung EUR 40
Verpflegung	Selbstverpflegung
Anbindung	nächster Bahnhof: Bad St. Peter-Ording, 3 km
	nächster Flughafen: Hamburg, 150 km;
	St. Peter-Ording, 3 km

Weitere Informationen

Das Ferienhaus liegt umgeben von Wiesen und Weiden der Eiderstedter Kulturlandschaft in unmittelbarer Nähe zur Nordsee mit dem Weltkulturerbe Wattenmeer und dem weiten Sandstrand von St. Peter-Ording.

Frauke Petersen

In diesem Haus bin ich aufgewachsen, als es noch ein Bauernhof war. Nach vielen Jahren als Landschaftsarchitektin in Hamburg bin ich zurückgekehrt in die Landschaft meiner Kindheit und habe mir mit dem eigenen Atelier, der Sanierung des Hauses und den Ferienwohnungen einen Traum erfüllt.

Ich arbeite als freie Künstlerin mit nationalen und internationalen Ausstellungen und großer Reputation in der Region. Meine »Sandreliefs« entstehen in einer eigenen Technik mit dem Material Sand und sind inspiriert vom weiten Strand St. Peter-Ordings und dem Licht und der Weite der umgebenden Landschaft. Mein künstlerisches Interesse gilt der Wahrnehmung.

Gerne öffne ich mein Atelier und suche, wenn gewünscht, das Gespräch mit den Gästen bei einer Tasse Tee oder einem Glas Wein. Ich möchte mit dem Haus einen Ort bieten, an dem Menschen sich wohlfühlen, Schönheit, Ruhe und Erholung finden und interessante Begegnungen möglich sind. So mancher Gast sieht nach einem Besuch im Atelier den Strand vor der Tür mit anderen Augen. Und manch einer nimmt sich eine Arbeit mit nach Hause, damit die Zeit bis zum nächsten Urlaub nicht so lang wird. Wir haben viele Gäste, die seit Jahren regelmäßig kommen, viele Freundschaften sind hier entstanden und für viele Gäste ist das Haus ein zweites Zuhause geworden.

Tipps

Eiderstedt mit seinem besonderen Licht ist eine Halbinsel der Künstler. Unter dem Label Kunst-Klima haben sich mehr als 40 Kunstschaffende zusammengefunden und zeigen im Alten Rathaus in Garding einen Überblick über ihre Arbeiten sowie jährlich fünf bis sechs Einzelausstellungen. Zweimal jährlich öffnen die Ateliers gemeinsam ihre Türen. Für Kinder werden Kunstkurse angeboten (www.kunstkultur-nf.de, www.kunstklima.de).

HAUS AM ROSENBURGER DEEP

Abgeschiedenheit und Ruhe bestimmen die Atmosphäre des Künstlerhauses am Rosenburger Deep, einem alten Eiderarm auf der Halbinsel Eiderstedt. Hier stehen Ihnen eine Veranda und ein parkähnlicher Garten zur Verfügung.

Besonderheiten, wie z.B. die alte Herdstelle, der Gewölbekeller und das Fehlen eines Fernsehers lassen auf ein hohes Alter des Hauses schließen. Die Wohnung befindet sich im Wohnteil des ehemaligen Bauernanwesens und besteht aus einer Wohnküche, einem Schlafzimmer, einem großen Bad sowie dem Flur mit separatem Eingang.

Weitere Informationen

Die Stadt Husum mit kulturellen und sportlichen Angeboten ist in ca. 10 Autominuten erreichbar (Storm-Museum, Nissenhaus, Schloss, Fischereihafen, Wochenmarkt, Golf, Tennis, Hallenbad).

Die nächste Nordseebademöglichkeit liegt ca. 4 km entfernt am Simonsberger Deich. Ausgiebigeres Strandleben genießen Sie in St. Peter-Ording. Überdies sind die Inseln und Halligen sowie Dänemark leicht zu erreichen.

Kontakt

Birgit & Manuel Knortz
Westerdeich 9
D – 25889 Witzwort
Telefon +49-(0)4841-640048
info@atelier-knortz.de
www.atelier-knortz.de

Kategorie	Ferienwohnung
Komfort	mittel
Sprachen	Deutsch, Englisch
Zimmer	1 DZ, EUR 55/Übernachtung
	einmalige Endreinigung: EUR 25
Verpflegung	Selbstverpflegung
Anbindung	nächster Bahnhof: Husum, 8 km
	nächster Flughafen: Hamburg, 130 km

     WC   P

Tipps

Friedrichstadt, eine holländische Siedlung aus dem 17. Jahrhundert mit zahlreichen Galerien und wegen seiner geschlossenen Bauweise sehenswert. Die Kulturnacht am letzten Samstag im August bietet die Möglichkeit, hinter die Kulissen zu gucken (www.friedrichstadt.de > Kulturnacht).

Die Halbinsel Eiderstedt ist als Kulturlandschaft mit ihren historischen Hausformen, den Haubargen, interessant. Die inspirierende Landschaft mit ihrer Weite und dem großen Himmel zog und zieht viele Kunstschaffende an, ein Teil vereint sich unter dem Namen »Kunstklima« und präsentiert sich in wechselnden Ausstellungen (www.kunstklima.de). Husums Kulturpfad verbindet wichtige historische und architektonische Gegebenheiten in der Stadt und macht Geschichte begehbar. Jeden Herbst findet dort das Internationale Figuren-Theater-Festival »Pole-Poppenspäler-Tage« statt (www.pole-poppenspaeler.de).

Museen und Galerien: Theodor-Storm-Museum, Nordsee-Museum und Schifffahrtsmuseum, Schloss vor Husum, Galerie Lüth mit zeitgenössischer Kunst. Das Restaurant »Stapelholmer Heimatkrog« in Seeth, ein Landgasthof geführt in der 4. Generation von Jan und Ute Franzen, bietet gutbürgerliche Küche an. Deren Kunst ist sowohl in dem Gasthof als auch in der anliegenden Galerie »Ochsenblut«, der kleinsten Galerie Deutschlands, zu finden (www.stapelholmer-heimatkrog.de).

Das Restaurant »Zum Krug« in Hockensbüll befindet sich in einem historischen Reetdachhaus, das von den Besitzern Antje und Harald Frercks liebevoll und sachkundig restauriert wurde. Erstklassige Küche; nur nach Voranmeldung.

Birgit & Manuel Knortz

Das Haus ist Wohn- und Werkstätte von Birgit und Manuel Knortz.

Neben der Ferienwohnung finden sich darin Manuels Atelier für Malerei und Druckgrafik, Birgits Architekturbüro, die Galerie Eiderstedter Kunst sowie ab 2012 ein Vortragsraum für Literatur und Musik.

Die Umgebung ist geprägt von der kargen, linearen Kulturlandschaft der Halbinsel Eiderstedt, die natürlich auch in den landschaftsbezogenen Arbeiten von Manuel Knortz ihren Ausdruck findet:

»Hier muss des Künstlers Hand den Stift ergreifen,
Ein Lineal darf er zu Rate zieh'n,
Hier kann er sich den großen Pinselschwung verkneifen,
Und ruhig warten, bis die Striche in die Binsen geh'n.«

HAUS CAP HORN

Perfekt für Kunst-, Musik- und Natur-liebhaber: Herrlicher naturbelassener Garten (2.000 m²) mit Liegewiese, Strand-korb, Kinderspielplatz.

Lage am Ortsrand Nähe Mühle, gute Infrastruktur (Geschäfte, Restaurants, Kultur- und Gesundheitseinrichtungen, Bushaltestelle in der Nähe).

Weitere Informationen

Gut 2.000 Einwohner verteilen sich auf fünf Inseldörfer. Relativ wenig Gästebet-ten stehen zur Verfügung, so dass im Som-mer die Nachfrage das Angebot weit übersteigt. Vorteil für den Gast: Selbst in der Hauptsaison findet man überall am Strand einsame Plätzchen. Ideal für FKK-Freunde.

Kontakt

Birgitt & Rüdiger Sokollek
Strunwai 1
D – 25946 Nebel/Amrum
Telefon +49-(0)4682-4172
sokollek@t-online.de
www.sokollek.de

Kategorie	Apartment/Ferienwohnung
Komfort	mittel
Sprachen	Deutsch, Englisch
Zimmer	4 Ferienwohnungen für 2 – 4 Personen
	2 Personen EUR 40 – 50/Tag,
	4 Personen EUR 65 – 75/Tag
	weitere Kosten: Bettwäsche/Handtücher EUR 15,
	Endreinigung
Verpflegung	Selbstverpflegung
Anbindung	nächster Hafen: Wittdün, 5 km
	nächster Bahnhof: über Niebüll nach Dagebüll-Mole
	(Fährverbindung ab Dagebüll-Mole)
	nächster Flughafen: Hamburg, 193 km

Einzigartige geschützte Natur in den Dünen und dem bis zu 1.000 m breiten Sandstrand (»Kniepsand«), in der Mitte ein Waldgebiet vom Leuchtturm bis nach Norddorf, wo der Urlauber auch in der rauen Jahreszeit längere Wanderungen und Radtouren im Schutz der Bäume unternehmen kann. Auf der Ostseite der Insel Weiden, Äcker und die Dörfer, verbunden durch einen schönen Wanderweg am Watt.

Sehr gute Radfahrmöglichkeiten – es gibt reichlich Fahrradverleihe.

Birgitt & Rüdiger Sokollek

Birgitt Sokollek lebt und arbeitet seit 1991 als freischaffende Künstlerin auf Amrum. Ihre Aquarelle spiegeln die Liebe zu Landschaft, Licht und Lebewesen der nordfriesischen Inselwelt wider.

Die Bilder lenken den Blick auf die vielfältigen Landschaftsformen der Geestinsel Amrum, wie sie auf engem Raum seit Urzeiten zu einem ständig sich erneuernden Naturkunstwerk vereinigt sind.

Besonders kommt es der Künstlerin darauf an, die einzigartigen Lichtverhältnisse der nordischen Küstenlandschaft zu den verschiedenen Tages- und Jahreszeiten darzustellen.

Birgitt Sokollek ist 1948 geboren und hat – gewissermaßen in ihrem ersten Leben – ihre Werkstatt und Galerie in Hamburg-Finkenwerder, einer ehemaligen Elbinsel, betrieben. Von Beruf ursprünglich landwirtschaftlich-technische Assistentin am Botanischen Institut in Hamburg, gibt sie seit den 70er Jahren Kurse auf dem Gebiet der künstlerischen Gestaltung. Seit ihrer »Einwanderung« auf die schönste Nordseeinsel bietet sie Aquarellmalkurse für Anfänger und Fortgeschrittene an.

In ihrem zweiten Arbeitsbereich erschafft Birgitt Sokollek Keramikskulpturen, z. B. die »Tiere aus Ton« und die

Tipps

Ausstellungen im Alten Gemeindehaus in Norddorf

Aquarellmalkurse mit Birgitt Sokollek

Konzerte mit der Folkgruppe »Querbeet«

Kunst & Wein im »Weinfriese Amrum« in Nebel (www.weinfriese-amrum.de)

»Wächter«-Gestalten, die – auf eine Metallstange gespießt – den Garten gegen ungebetene Gäste verteidigen können. Ihre Kunstwerke sind montags und freitags vormittags von 11 bis 13 Uhr im und rund um das Haus »Cap Horn« in Nebel zu besichtigen, außerdem in Norddorf im Alten Gemeindehaus an allen Werktagen.

Zusammen mit Ehemann Rüdiger Sokollek, der als Musiker die Insel bereichert, spielt Birgitt in der Folkmusikgruppe »Querbeet und Freunde« die Bouzouki.

Das Haus »Cap Horn« in Nebel, dem historischen Friesendorf in der Mitte der Insel, hat vier Ferienwohnungen, Werkstatt/Atelier und Ausstellung in den Privaträumen und im Garten.

KAMPS HOTEL, GALERIE & CAFÉ

In unserem kleinen familiären Hotel im alten Kapitänsdorf Keitum wohnen Sie ein bisschen anders. Hell, freundlich und modern. Klar und licht, mit warmen Farben, antiken Einzelstücken und Kunst an den Wänden.

Ruhe und Entspannung sind auf Sylt garantiert. Egal ob Sie sich für ein Doppelzimmer, ein Apartment mit Kitchenette oder das »Haus Nebenan« entschließen, bei uns können Sie sich richtig verwöhnen lassen: Fangen Sie den Tag gemütlich mit einem ausgiebigen Frühstück in unserem Café oder auf der Sonnenterrasse an. Probieren Sie nach einem langen Spaziergang unsere kleinen Snacks wie das beliebte Vollkornbrot mit Leberwurst und Apfelscheiben. Oder genießen Sie unsere legendären nach Mutter Inas Hausrezepten selbstgebackenen Kuchen. Hier ist der Urlaub zu Hause.

Kontakt

Cornelia Kamp
Gurtstich 41
D – 25980 Keitum/Sylt
Telefon +49-(0)4651-98390
urlaub@kamps-sylt.de
www.kamps-sylt.de

Kategorie	Hotel
Komfort	mittel
Sprachen	Deutsch, Englisch, Italienisch
Zimmer	4 DZ, ab EUR 99/Übernachtung
	3 Suiten, ab EUR 120/Übernachtung
	für 2 Personen
	1 Haus, ab EUR 230/Tag für 2 Personen
	teilw. mit Küche/Kitchenette und Balkon/Terrasse
	weitere Kosten: Kurabgabe
Verpflegung	ÜF
	Café im Haus
Anbindung	nächster Bahnhof: Keitum, 1 km
	nächster Flughafen: Westerland, 4 km

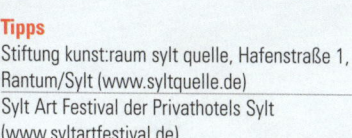

Tipps

Stiftung kunst:raum sylt quelle, Hafenstraße 1, Rantum/Sylt (www.syltquelle.de)

Sylt Art Festival der Privathotels Sylt (www.syltartfestival.de)

Cornelia Kamp

Einen neuen Blick auf Kunst versucht die gebürtige Keitumer Gastgeberin und Galeristin Cornelia Kamp in ihrem Haus zu vermitteln. »Die Idee mit zeitgenössischer Kunst an einem schönen Ort für eine Zeit zu leben, hatte ich schon länger. Da lag es nah, nach meiner Hamburger Zeit nach Sylt zurückzukommen und das Konzept umzusetzen.«

Cornelia Kamp hat nach dem Abitur eine Buchhandelslehre in Kiel absolviert und danach 14 Jahre in der renommierten Galerie Brockstedt in Hamburg gearbeitet. Seit 1996 führt sie ihr kleines, feines Hotel mit Café und Galerie, in der sie schon eine Reihe junger, aber auch etablierter Künstler präsentierte.

Skulpturen im Außenbereich zu präsentieren ist eine große Leidenschaft der Galeristin. So hat sie neben den Arbeiten von TRAK Wendisch Werke von Frank Dornseif, Dietrich Klinge, Pit Kroke und Herbert Mehler nach Sylt gebracht und findet den vermeintlichen Gegensatz von moderner Plastik und dem historisch geprägten Umfeld des Friesendorfes Keitum äußerst spannend. »Dadurch ergeben sich immer wieder interessante, durchaus kontroverse Gespräche mit den Gästen.«

Für die wechselnden Ausstellungen reist Cornelia Kamp, vor allem im Winter, durch Deutschland, um in Ateliers, auf den Kunstmessen und den Akademie-Rundgängen fündig zu werden und Kontakte zu pflegen. »Natürlich fahre ich zur documenta nach Kassel und freue mich auch immer darauf, die Biennale in Venedig zu besuchen, um über die neuesten Entwicklungen in der Kunst informiert zu sein. Aber meistens sind es gerade die intensiven persönlichen Begegnungen mit Künstlern in ihren Ateliers, die den Ausschlag für eine Ausstellung geben.«

GALERIE-HOTEL PETERSEN

Das Galerie-Hotel ist ein anerkanntes Gesamtkunstprojekt mit klassizistischer Architektur um 1790.

Anfang der 1990er-Jahre wurde unser Haus saniert und mit Mitteln der Freien und Hansestadt Hamburg wesentlich gefördert. Die Einrichtung der Gästezimmer ist eine Kombination von erlesenen Einzelstücken aus zwei Jahrhunderten – Biedermeier, Art Déco bis Moderne.

Gelegen ist unser Galerie-Hotel an der Langen Reihe, einer von Hamburgs beliebtesten Altstadtstraßen und Flaniermeilen.

Kontakt

Hajo Petersen
Lange Reihe 50
D – 20099 Hamburg
Telefon +49-(0)40-249826
galerie-hotel-petersen@hamburg.de
www.ghsp.eu

Kategorie	Romantik-Hotel
Komfort	mittel
Sprachen	Deutsch, Englisch
Zimmer	5 EZ, 5 DZ, 2 Suiten, 2 Familienzimmer
	ab EUR 69/Übernachtung für 1 Person,
	ab EUR 88/Übernachtung für 2 Personen
	Aufbettung möglich
	günstige Vorsaisonpreise: siehe Website
Verpflegung	ÜF
Anbindung	nächster Bahnhof: Hamburg Hbf., 0,5 km
	nächster Flughafen: Hamburg, 17 km

Weitere Informationen

Zu den Highlights – weitgehend in Hotelnähe – gehört die Außenalster mit ihren großzügigen Grünanlagen, die einen kurortähnlichen Charakter haben, obgleich sie mitten in der Hansestadt liegen. Die weltberühmte Speicherstadt liegt zu Fuß nur ca. 15 Minuten vom Hotel entfernt.

Wer nach dem Trubel bei all den Möglichkeiten, die eine Hafenstadt wie Hamburg bietet, einen ruhigen Platz zur Meditation sucht, findet dafür im St. Georger Mariendom in der Danziger Straße eine Möglichkeit.

Tipps

Der Kunsthistoriker Claus Friede bietet unterschiedliche Stadtführungen zu Fuß und per Rad zu Kunst im öffentlichen Raum und Architektur in der HafenCity (Tel. +49-(0)1577-3030600, www.cfca.de). Vor allem Stadtgeschichte und Literatur stehen beim »Nachtwächter«, Volker Roggenkamps Stadtkultour, auf dem Programm (Stadtführungs-Service Hamburg; Tel. +49-(0)40-366269, www.hamburger-nachtwaechter.de).

Einen kleinen Spaziergang entfernt liegt das Literaturzentrum Hamburg (Schwanenwik 38, Tel. +49-(0)40-2279203, www.lit-hamburg.de) mit seinem schönen Café und Restaurant sowie vielen attraktiven Veranstaltungen.

Hajo Petersen

Hajo Petersen hat Typografie in Deutschland und in Santa Monica (Los Angeles) Malerei und Design studiert.

Kunst spiegelt die verschiedenen Epochen und das Bewusstsein von Menschen aus den jeweiligen Zeiten wider. Somit gelten auch Einrichtung, Architektur und Ausstattung als Gesamtkunstwerk. Im Treppenhaus befindet sich eine Bildergalerie mit Ink Wash-Bildern von Hajo Petersen aus den 60er und 70er Jahren.

Auf Wunsch bekommen die Gäste und angemeldete Interessenten eine Führung des Inhabers durch die Treppenhausgalerie und falls möglich durch die Räumlichkeiten. Informationen über die Gemälde, ihre Geschichte, sowie Anekdoten zu den früheren Eigentümern und Bewohnern des Hauses sind in der Führung inbegriffen. Gern führt der Hotelinhaber mit den Gästen auch allgemeine Gespräche über Kunst. Außerdem bekommen Gäste auf Wunsch Informationen zu den nahe gelegenen, großartigen »kulturellen Leuchttürmen« wie beispielsweise Schauspielhaus, Museum für Kunst und Gewerbe, Kunsthalle, Deichtorhallen und Haus der Photographie.

Das Haus hat schon viele prominente Gäste beherbergt; aktuelle VIPs werden aus Gründen der selbstverständlichen Diskretion nicht genannt – zu den Gästen der schillernden 80er Jahre gehörten u. a. Christoph Schlingensief, Otto Sander, Marianne Rosenberg, Die Ärzte, Jörg Immendorf, Rosa von Praunheim, Lotti Huber, Désirée Nick, Werner Schröter und auch viele Schauspieler aus dem Fassbinder-Team.

FLEETINSEL GÄSTEWOHNUNGEN

Wenn sich ein Galerist (Ulrich Dörrie) und eine Kunstsammlerin (Lilott Berganus) zusammentun, um Gästewohnungen einzurichten und zu betreiben, mag man erwarten, dass die Wände voller Kunst hängen.

Doch bei den Fleetinsel Gästewohnungen ist das keineswegs so: Puristisch eingerichtet, besitzt etwa die Wohnung 1 im Wohn- und im Schlafraum immerhin aufwändige gründerzeitliche Deckenmale-reien, die unter Berücksichtigung von Denkmalschutzgesichtspunkten sorgfältig restauriert wurden. Die Wohnungen seien »sehr beliebt bei den Künstlern, besonders auch wegen der leeren Wände«, erzählt Lilott Berganus.

Die Fleetinsel Gästewohnungen liegen im Herzen Hamburgs im 3. Stock eines restaurierten Gründerzeitbaus, der Teil eines historischen Kontorhauskomplexes ist. Diese für Hamburg früher typische Bauform ist heute nur noch auf der so-

Kontakt

Lilott Berganus & Ulrich Dörrie
Michaelibrücke 1
D – 20459 Hamburg
Telefon +49-(0)172-4317732
kontakt@fleetwohnung.de
www.fleetwohnung.de
www.doerrie-priess.de

Kategorie	Apartment/Ferienwohnung
Komfort	mittel
Sprachen	Deutsch, Englisch
Zimmer	3 Suiten, ab EUR 76 (Mindestmietzeitraum 5 Tage)
	weitere Kosten: wöchentliche Reinigung und Wäschewechsel jeweils zzgl. EUR 31, einmalige Endreinigung EUR 49
	Parkmöglichkeit im Hotel Steigenberger gegenüber
Verpflegung	Selbstverpflegung
	Café, Bar und Restaurant im gleichen Haus
Anbindung	nächster Bahnhof: Hamburg Hbf., 1,5 km
	nächster Flughafen: Hamburg, 6 km

Tipps
Um die Ecke gelegen, betreibt die Fotogalerie kulturreich (Wexstraße 28, Tel. +49-(0)40-75368661, www.kulturreich.de) ein kleines Tagescafé mit köstlichen Lunchangeboten.

genannten Fleetinsel in dieser Vollständigkeit vorhanden.

Wo einst die Kolonialwaren der Hamburger Kaufleute gelagert waren, sind heute Ateliers und Agenturen, sieben der profiliertesten Hamburger Galerien für Gegenwartskunst, der Art Store »Multiple Box«, das Kunst- und Buchantiquariat Lührs und die größte Fachbuchhandlung für Kunst, Fotografie, Architektur und Film in Norddeutschland, Sautter & Lackmann, zu finden.

Die drei Apartments der Fleetinsel Gästewohnungen bieten die Wohnqualität eines privaten Umfelds im Herzen Hamburgs.

Die großzügigen Wohnungen sind jeweils ca. 45 m² groß und haben separate Wohn- und Schlafräume, eine Kochnische und ein Badezimmer. Die abgeschlossenen Wohneinheiten, zwei davon mit Balkon, sind jeweils mit Telefon, Kabel-TV und Stereoanlage ausgestattet. Die Möblierung erlaubt es, auch einmal Freunde zum Essen einzuladen. Für die Arbeit in ruhiger Atmosphäre sind die Apartments ebenfalls geeignet.

Besonders beliebt sind die Wohnungen bei Theater- und Filmleuten, die eine Produktion in Hamburg zu realisieren haben. Künstler und Kulturschaffende kommen wegen des besonderen Charakters der Wohnungen und des Umfeldes gerne wieder. Und wenn am Wochenende die Familie kommen möchte, ist auch genug Platz vorhanden.

Qualitätvolle Gastronomie, wie sie etwa der »Marinehof«, die Café-Bar »1. Liebe« und das »Rialto« bieten, befindet sich im Hause und sorgt für kulinarische Versorgung von 9 bis 1 Uhr.

Die Innenstadt mit ihren Geschäften ist nur wenige hundert Meter entfernt. Theater, Oper und Museen können leicht und schnell auch zu Fuß erreicht werden. S- und U-Bahn liegen in der Nähe und ein Spaziergang von etwa 10 Minuten führt zu Jungfernstieg und Alster sowie Landungsbrücken und Elbe.

KUNSTGUT PATAPAYA

Mit meinem Kunstgut Patapaya biete ich im Herzen der Mecklenburgischen Schweiz eine Übernachtungsmöglichkeit der anderen Art. Das Haus lebt von seiner gediegenen Geschichte, die ein unterhaltsames Wechselspiel mit modernem Design eingeht. Der Gast taucht ein in die Welt der Farben, inmitten des großzügigen Parks. Das Haus bietet ein besonderes Erlebnis für Gruppen und Familien, die private Atmosphäre mit freundlichem Service schätzen.

Das Haus ist kinderfreundlich eingerichtet und bietet zahlreiche Beschäftigungsmöglichkeiten für Groß und Klein. Unter anderem gehören einige Tiere zu unserem bunten Familienangebot. Eselreiten, Schnitzeljagden, Minipool und vieles mehr machen uns so besonders. Erfrischen kann man sich im Pool. Im zum Park gehörigen See liegt ein Ruderboot. Wir liegen abseits von Straßen und sind ein wahrer Abenteuerspielplatz mit hohem Komfort im Wohnbereich.

Kontakt

Friederike Antony
Gut Schorrentin
D – 17154 Neukalen
Telefon +49-(0)162-7322127
friederike@art-by-antony.com
www.patapaya.de
www.art-by-antony.com

Kategorie	ehemaliges Gutshaus mit einer Gruppen-Ferienwohnung
Komfort	mittel
Sprachen	Deutsch, Englisch
Zimmer	4 DZ, 3 Familienzimmer
	EZ ab EUR 35/Person, DZ ab EUR 30/Person, Familienzimmer ab EUR 28/Person
	Festsaal/Seminarraum gegen Aufpreis
	Das Rauchen ist im Erdgeschoss erlaubt.
Verpflegung	Selbstverpflegung
Anbindung	nächster Bahnhof: Malchin, 15 km
	nächster Flughafen: Rostock, 60 km

Das Haus ist von einem ca. 4 Hektar großen Park umgeben, in dem Skulpturen
und Objekte von mir ausgestellt sind. Die
Symbiose aus Kunst und Natur kann man
hier im Lauf der Jahreszeiten miterleben.
Außerdem leben hier direkt am Haus
noch ein paar Pferde und ein Esel.

Mit Liebe zur Natur, Phantasie und
Kreativität kann man den ganzen Tag im
Park an verschiedenen Stationen oder bei
einem Picknick neue Dinge erleben.

Friederike Antony
»Ich bin Künstlerin, ich mache Kunst zum
Erleben, zum Anfassen, zum Schmunzeln,
zum Werben, zum Wundern, zum Spaß
haben und ... zum Geldverdienen«.

Dabei bediene ich mich unter-
schiedlichster Materialien
wie Stahl, Holz, Eis,
Gold, Kunststoffen und
vielen mehr.

Tipps
Der »Naturpark Mecklenburgische Schweiz und
Kummerower See« gibt einen kostenlosen Faltplan
»Kunst und Kunsthandwerk im Naturpark« heraus.
Hierin finden sich etliche Ateliers, Informationen
zum Skulpturenweg von Görzhausen nach Röthel-
berg, zu Galerien, Kunsthandwerk, einer Buch-
binderei und einer Gartenarchitektin sowie Daten
zu jährlichen Kunst- und Kulturveranstaltungen
(info@mecklenburgische-schweiz.com).

Weitere Informationen
Der nächste Badesee – der Kummerower
See ist der zweitgrößte See Mecklenburgs
– ist etwa 6 km entfernt. Dort beginnt ein
endloses Flusslabyrinth für Kanulieb-
haber. Zur Ostsee – unser Tipp ist hier
Zingst auf dem Darß – sind es 60 km.
Mehr Infos zur Region finden Sie im
Internet unter www.mecklenburgische-
schweiz.com.

SCHLOSS BRÖLLIN

Veranstaltungsort und Kooperationspartner für Theater- und Musikfestivals: Jährlich findet hier der grenzüberschreitende Teil des Stettiner Theaterfestivals KONTRAPUNKT statt sowie alle vier Jahre eX...it!, das internationale dance eXchange Workshop-Projekt für Butoh und verwandte Tanzkunst.

Schloss Bröllin – international art research location – ist ein 800 Jahre altes Gut und ca. 1,5 Stunden nördlich von Berlin, nahe der Kürassierstadt Pasewalk gelegen.

Der Hof bietet mit mehreren Tanzstudios, Produktions- und Seminarräumen sowie Übernachtungs- und Verpflegungsmöglichkeiten (auf einer 45.000 m²

Kontakt

schloss bröllin e.V.
Bröllin 3
D – 17309 Fahrenwalde
Telefon +49-(0)39747-56500
info@broellin.de
www.broellin.de

Kategorie	international art research location
Komfort	einfach/mittel
Sprachen	Deutsch, Englisch, u. U. Polnisch
	Grundsätzlich halten sich besonders in der Sommersaison Künstler aus der ganzen Welt in Bröllin auf, daher werden ggf. auch andere als die oben genannten Sprachen gesprochen.
Zimmer	18 Zimmer von Einzel- bis Mehrbettnutzung
	EZ EUR 35/Person, DZ EUR 25/Person,
	Familienzimmer EUR 20/Person
	Camping und Gutshaus EUR 5 – 20/Person
Verpflegung	ÜF, HP, VP nach Absprache möglich
	Bar nach Bedarf
Anbindung	nächster Bahnhof: Pasewalk, 6 km
	nächster Flughafen: Berlin, 150 km

       P

Fotos: schloss bröllin e.V.

Foto: Jenny Galow

Grundfläche) Raum für Aufenthalte von Künstlern zum Proben, Experimentieren, Trainieren und Entspannen.

Der 1992 gegründete Verein schloss bröllin e.V. versteht sich als Förderer von interdisziplinären, zukunftsweisenden neuen Kunstprojekten, vornehmlich im Bereich Tanz, Theater, Performance, Objekt und Installation. Er vernetzt Künstler, Wissenschaftler, Produzenten, Organisatoren und andere Projekte auf breiter internationaler Ebene.

Die Arbeit besteht außerdem darin, den ganzjährigen Produktionsbetrieb im Bereich interdisziplinärer Kunst weiterzuentwickeln. Das Ziel ist es, ein internationales Forschungs- und Arbeitszentrum für Künste und Künstler langfristig weiter zu etablieren.

Darüber hinaus leistet der schloss bröllin e.V. mit erfolgreicher Jugendarbeit einen Beitrag zur Weiterbildung junger Menschen in den Bereichen Kunst, Kultur, Demokratie und Toleranz.

Der Verein pflegt beachtliche grenzüberschreitende Kontakte insbesondere nach Polen, in die benachbarte Wojewodschaft Westpommern/Szczecin.

Feste Kooperationen und Partnerschaften erweitern die Möglichkeiten für die professionelle Zusammenarbeit mit kulturellen Einrichtungen.

Weitere Informationen

Alte Stallanlagen aus der land- und tierwirtschaftlichen Nutzung wurden ganz nach dem Motto »Kühe raus, Künstler rein« zu einer Stätte der Kunstproduktion umgewandelt. Natur pur mit weiten Feldern, dichten Wäldern und blauen Seen. Deutsch-polnische Grenzregion mit Ausflugsmöglichkeiten zum Stettiner Haff, nach Pasewalk, Stettin und Prenzlau.

Tipps

Skulpturenpark Katzow
(www.skulpturenpark-katzow.eu)
Kunstgarten Stettiner Haff
(www.kulturpfad-stettiner-haff.de)

Foto: Jenny Galow

HERRENHAUS LIBNOW
ARTE DEPOSITO

Das Herrenhaus Libnow ist heute eng mit der Kunst verbunden. Neben Ausstellungen finden in den Galerieräumen Konzerte und andere kulturelle Angebote statt.

Die Gästezimmer und Apartments im Herrenhaus Libnow wurden nach baubiologischen Gesichtspunkten saniert und sind jeweils individuell gestaltet.

Umgeben von einem parkähnlichen Gelände, liegt das Haus verkehrsgünstig an der Bundesstraße 110 nach Usedom. Es hat sich seinen stimmungsvollen Charakter bewahren können und bietet so Rückzug und Anbindung zugleich. Für Rad- und Wassertouristen hat das Herrenhaus Libnow eine vorteilhafte Lage.

Durch die unmittelbare Nähe zum Peenetal mit dem größten Niedermoor Europas ist das Herrenhaus Libnow auch ein idealer Ausgangsort für Naturliebha-

Kontakt

Beate Quies & Siegmund Lorenz
Libnow 12
D – 17390 Murchin
Telefon +49-(0)3971-259387
info@artedeposito.de
www.artedeposito.de
www.herrenhaus-libnow.de
www.rahmenmanufaktur-lorenz.de

Kategorie	Apartment/Ferienwohnung im Herrenhaus/Gutshaus
Komfort	mittel
Sprachen	Deutsch, etwas Englisch
Zimmer	3 EZ, ab EUR 35/Person ohne Frühstück
	4 DZ, ab EUR 30/Person ohne. Frühstück
	weitere Kosten: Fahrradverleih EUR 6/Tag
Verpflegung	Frühstück in Bio-Qualität kann hinzgebucht werden
	Die größeren Zimmereinheiten verfügen über eine vollwertige Küche
	Briefmarken und Getränke sind im Büro erhältlich
Anbindung	nächster Bahnhof: Anklam, 11 km
	nächster Flughafen: Heringsdorf, 30 km

ber, insbesondere Ornithologen. Die Dörfer der Umgebung mit dem winzigen Städtchen Lassan bieten viele künstlerische Motive, die in unseren Kursen aufgegriffen werden können.

In den Dörfern Vorpommerns haben sich trotz oder wegen ihrer Abgelegenheit seit vielen Jahren Künstler und künstlerisch interessierte oder engagierte Menschen niedergelassen (höchste Künstlerdichte Deutschlands!) und machen neben der Insel Usedom die Attraktivität der Region Vorpommern aus.

- Zertifikate: Bett & Bike, »Fledermausfreundliches Haus«
- Beratung zu touristischen Angeboten der Umgebung
- Raumvermietung
- künstlerische Kurse für Anfänger und Fortgeschrittene
- hervorragender Standort für Naturliebhaber
- im Keller Werkstatt- und Seminarräume sowie das Naturmodegeschäft »Luzifer«

Weitere Informationen

Vorpommern ist eine vielseitige Destination für Natur- und Kulturreisen. So werden unter dem Motto »Kräuter, Kunst und Himmelsaugen« im Lassaner Winkel Ausflüge, Kurse und Veranstaltungen angeboten (siehe auch www.kulturpfadstettiner-haff.de).

Neben der Stadt Anklam mit ihren Museen bieten sich auch Segeltörns auf Ostsee und Bodden an, zum Beispiel mit dem Besanewer »Berta«, (Tel. +49-(0)38352-395) oder mit einem Zeesenboot (www.zeesenboot.de).

Weitere Ausflugsadressen finden sich unter www.abenteuer-flusslandschaft.de.

Tipps

Jährlich findet im Mai in Vorpommern Kunst:Offen statt. Dann öffnen Ateliers und Veranstaltungsräume ihre Türen für alle Interessierten (www.kunstoffen.net).

Siegmund Lorenz empfiehlt außerdem:
- Künstlerhaus Vorpommern in Heinrichsruh (www.kuenstlerhaus-vorpommern.de)
- Karl Valta/Gutshaus Klein Jasedow (www.kunst-und-kemenaten.de)
- Galerie Köpp in Seebad Ahlbeck (www.galerie-koepp.de).
- Cornelia Lorenz (www.klotzow-lorenz.de)

Beate Quies & Siegmund Lorenz

Die im Haus ansässige Galerie und Kunsthandel arte deposito bietet Kunstinteressierten hochwertige Kunstwerke aus den Bereichen Malerei, Grafik und Plastik von Künstlern aus der Region. Wert wird hierbei auf die Pflege und Anwendung traditioneller künstlerischer Techniken gelegt. Diese Techniken werden wiederum in den angebotenen Kursen im Haus Anfängern und Fortgeschrittenen vermittelt. Die Werksträume stehen auch Seminaranbietern zur Verfügung.

Abgerundet wird das Angebot von der im Haus ansässigen Rahmenmanufaktur Lorenz, die sich der Neuanfertigung und Restaurierung handgefertigter Bilderrahmen verschrieben hat.

KÜNSTLERHAUS ALTE SCHULE

Fotos: Bernd Riehm

In diesem denkmalgeschützten Fachwerkhaus können Sie in den Sommermonaten einen entspannten Urlaub verbringen – in einem romantischen Nebengebäude, Tür an Tür mit der Künstlerin Cornelia Lorenz und ihrer Werkstatt sowie Galerie und Seminarraum.

Umgeben von einem Kultur- und Skulpturengarten und dem Naturpark Usedom, ist das Künstlerhaus in Klotzow der richtige Ort für kunstinteressierte Naturliebhaber, die auch selbst künstlerisch aktiv werden können in Kursen für Grafik, Keramik und plastisches Gestalten.

Weitere Informationen

Die nahe gelegene Insel Usedom ist bekannt für ihre Maler wie Otto Niemeyer-Holstein, dessen Werke dort zu sehen sind, wo er gelebt und gearbeitet hat (www.atelier-otto-niemeyer-holstein.de).

Auf Usedom finden sich zudem zahlreiche Galerien.

Kontakt

Cornelia Lorenz
Bergstraße 13
D – 17440 Klotzow
Telefon/Fax +49-(0)38374-80318
www.klotzow-lorenz.de

Kategorie	Ferienhaus
Komfort	einfach
Sprachen	Deutsch
Zimmer	Ferienwohnung für 2 – 3 Personen
	2 – 3 Personen EUR 55/Tag, 1 Person EUR 45/Tag
	einmalige Endreinigung EUR 20
Verpflegung	Selbstverpflegung
Anbindung	nächster Bahnhof: Anklam, 16 km
	nächster Flughafen: Berlin, 233 km

   WC   P

Tipps
Der Skulpturenpark Katzow ist ein rund 18 Hektar großes Wiesenareal mit mehr als 100 riesigen Skulpturen von bis zu 18 Metern Höhe (www.skulpturenpark-katzow.eu).

Cornelia Lorenz

Ich habe schon als Kind ständig gezeichnet und dann später, nach einigen beruflichen Umwegen, an der Kunsthochschule Berlin-Weißensee studiert.

Nach dem Studium gab es für mich nur zwei Möglichkeiten: entweder richtig Stadt oder richtig Land. Und so habe ich mich letztendlich wegen seiner schönen Lage für Klotzow entschieden, wo ich die »Alte Schule« übernehmen konnte.

Das alte denkmalgeschützte Fachwerkhaus fügt sich mit seinem kleinen Nebengebäude und dem großen Garten harmonisch in die wilde Schönheit der Natur ein. Wo einst Kinder die Schulbank drückten, entstehen jetzt Plastiken, Grafiken und Keramik. Das kleine Nebengebäude bietet Urlaubern in den Sommermonaten eine einfache romantische Unterkunft.

Die Gäste können den großen naturnahen Garten mit seinen schönen Sitzplätzen nutzen. Mit den vielen alten, duftenden Gartenpflanzen und Wildkräutern, einem Lebensraum vieler und seltener Vogelarten, bietet er Anregung und Erholung für alle Sinne. Wer selbst künstlerisch aktiv werden möchte, kann vor Ort praktische Hilfe und künstlerische Begleitung bekommen.

KUNST & KEMENATEN

Da wir keine anonyme »Bettenburg« betreiben, sondern die drei Ferienwohnungen als »Zubrot« zur künstlerischen Arbeit sehen, steht bei uns die persönliche Betreuung des Gastes im Vordergrund.

Wer will, kann nach vorheriger Absprache einen ganz individuell zugeschnittenen Kreativkurs buchen, sich in einem Workshop z. B. mit der künstlerischen Technik der Radierung vertraut machen,

Linol- und Holzschnitt erlernen, in die Welt der antiken Maltechnik »Enkaustik« eintauchen oder einfach »nur« ein Apartment für die Ferien mieten.

Gerne geben wir auch Tipps zu Ausflügen an die nahen Sandstrände der Ostsee, zu schönen Orten der Umgebung, den Badeseen rund um das Dorf oder zu kulturellen Veranstaltungen in der Region. Selbstverständlich können Sie bei uns auch Fahrräder mieten oder – als beson-

Kontakt

Karl Valta & Angela Woll
Alte Dorfstraße 2
D – 17440 Lassan OT. Klein Jasedow
Tel./Fax +49-(0)38374-80584
Mobil   +49-(0)178-9705946
kvalta@t-online.de
ela-werkstatt@web.de
www.kunst-und-kemenaten.de
www.k-valta.de

Kategorie	Apartment/Ferienwohnung
Komfort	mittel
Sprachen	Deutsch, Englisch, Polnisch
Zimmer	Ferienwohnung 1 »Morgensonne«: ca. 32 m², EUR 45 für 2 Personen/Tag, Endreinigung EUR 20
	Ferienwohnung 2 »Abendsonne«: ca. 31 m², EUR 45 für 2 Personen/Tag, Endreinigung EUR 20
	Ferienwohnung 3 »Usedomblick«: ca. 50 m², EUR 65 für 2 Personen/Tag, Endreinigung EUR 30
Verpflegung	Selbstverpflegung
Anbindung	nächster Bahnhof: Hohendorf, 9 km; Anklam 17 km Gerne holen wir unsere Gäste vom Bahnhof ab.
	nächster Flughafen: Heringsdorf, 45 km; Berlin 200 km

Fotos: Karl Valta

derer Service für Motorradfahrer – Ihr Motorrad im Stall des Gutshauses unterstellen.

Weitere Informationen

Die wild-schöne Landschaft Vorpommerns ist wohl der wesentlichste Magnet dieser Region. Gerade deshalb siedeln hier viele Künstler. Die Weite, die Ruhe und das nahe Meer sind Inspiration für Kreative. Der »Lassaner Winkel« ist geprägt von vielen sanften Erhebungen und klaren Seen. Von den Hügeln kann man, über Peenestrom und Achterwasser hinweg, zur Ostseeinsel Usedom blicken. Eigentlich ist der »Ballade von der alten Stadt Lassan« von Wolf Biermann nicht viel hinzuzufügen – außer vielleicht, dass am »Konsum« heute keine Losung für den 8. Parteitag mehr aushängt …

Tipps

www.kulturpfad-stettiner-haff.de
www.lassan.de
weitere Tipps: www.k-valta.de > Workshops und FEWOs

Karl Valta & Angela Woll

Karl Valta, Maler, Grafiker und Kunstpädagoge, und Angela Woll, Grafikerin, Malerin, Kunstpädagogin und -therapeutin, sind Ihre Gastgeber. Die studierten Kunstpädagogen arbeiten beide seit einigen Jahren als freie Künstler.

Im Alten Gutshaus von Klein Jasedow befinden sich unsere Ateliers und Privaträume sowie drei Apartments für unsere Gäste. In der Stallscheune des Gutshauses ist eine große Holz- und Metallwerkstatt untergebracht, und im Dachgeschoss entsteht ein 100 m² großes Gemeinschaftsatelier. Wir sind »Praktizierende der Kunst, von der Kunst zu leben« und leben auch gerne mit ihr: Die Apartments sind von »Künstlerhand« nach baubiologischen Gesichtspunkten »luxuriös einfach« ausgebaut, liebevoll eingerichtet und mit Originalkunstwerken von uns und unseren Künstlerfreunden ausgestattet. Als Bildende Künstler »reservieren« wir uns intensive Arbeitsphasen für die eigene künstlerische Arbeit, persönliche Gespräche mit Gästen gehören ganz selbstverständlich zu unserem Alltag. Wer darüber hinaus Interesse an einem unserer aktuellen Kurse hat, kann sich auf unserer Homepage ausführlich informieren.

Das über 200 Jahre alte, unter Denkmalschutz stehende Fachwerkgutshaus und der Garten, der ehemalige Park des Gutshauses, bieten auf 3/4 Hektar Land viele pittoreske Winkel. Das winzige Dorf und ehemalige Gut Jasedow, fernab der großen Touristenströme vis à vis der Ostseeinsel Usedom gelegen, ist eine gelassene Idylle, der Idealort für Kreativität und Erholung, für jede Art von schöpferischem Tun und Nichtstun.

KUNST & LOGIS

Angenehme Unterkunft finden Kultur-Reisende in diesem Privatdomizil.

Das ehemalige Kaufmannshaus (erbaut ca. 1850) mit seinem wunderschönen Hofgarten bietet zu jeder Jahreszeit genügend Raum und Möglichkeit für einen interessanten Aufenthalt. Jedes Zimmer hat seinen eigenen Charme. Und wenn das Wetter einen nicht nach draußen lockt, kann man, am runden Kachelofenkamin sitzend, in Gartenlektüre u. a. schmökern. Oder Sie nehmen teil an einem Malkurs bei der Hausherrin Ulrike Seidenschnur.

Ihre Unterkunft liegt am Ortseingang von Lassan, der wohl kleinsten Stadt Vorpommerns. Alle Ziele sind fußläufig in wenigen Minuten zu erreichen.

Kontakt

**Ulrike Seidenschnur &
Bernd Riehm**
Anklamer Straße 1
D – 17440 Lassan
Telefon +49-(0)38374-82849
         +49-(0)30-6870580
Mobil   +49-(0)178-2552328
ulrike.seidenschnur@online.de
www.lassan-ist-schoen.de

Kategorie	Privat/Gästezimmer und Ferienhaus
Komfort	einfach
Sprachen	Deutsch, Englisch, wenig Französisch
Zimmer	1 EZ, ab EUR 35/Übernachtung
	1 DZ, ab EUR 50/Übernachtung
	1 Familienzimmer, ab EUR 70 für 4 Personen
	Ferienhaus, ab EUR 100/Tag für 7 Personen
	weitere Kosten: einmalige Endreinigung,
	Bettwäsche und Handtücher gegen Aufpreis
Verpflegung	Selbstverpflegung (Küchennutzung)
	ÜF nach Vereinbarung
	nach Absprache: feines fangfrisches Fischmahl,
	»glücklicher« Hühner- oder Entenschmaus …
Anbindung	nächster Bahnhof: Anklam, 16 km
	nächster Flughafen: Heringsdorf, 35 km

Weitere Informationen

Die Umgebung lädt zur Vogelbeobachtung ein, hier leben größere Kranich- und Gänsepopulationen und sammeln sich im Herbst zum Flug. Biber, Otter sowie den seltenen Eisvogel kann man mit etwas Glück erleben. Auf dem ehemaligen Bahndamm der Schmalspurbahn, die einst Lassan mit Anklam verband, entsteht etwa 2012 ein großzügiger Radweg. Gern sind wir bei der Planung der Aktivitäten mit Tipps und Hinweisen behilflich. Wir organisieren Kunst-, Galerien- und Museentouren sowie Atelierbesuche. Vielleicht ein Picknick an einem besonderen Ort oder bei einem Gartenspaziergang?

Fotos: Bernd Riehm, Ulrike Seidenschnur

Ulrike Seidenschnur & Bernd Riehm

Wir suchten als Großstädter ein Refugium zum Zurückziehen und Atemholen. Die Lage des Ackerbürgerstädtchens Lassan bietet genau die richtige Mischung für uns freischaffende Künstler (Ulrike Seidenschnur: Malerei, Grafik und Dipl. Designer Bernd Riehm: Fotografie).

In eine herbschöne Endmoränen-Landschaft gebettet, vom Peenestrom berührt und unter einem weiten Himmel finden wir hier alles vor, was wir zum Existieren brauchen: eine ausreichende Infrastruktur, ein vielfältiges kulturelles Angebot und vor allem die unterschiedlichsten, interessanten Menschen.

In der gemütlichen Küche oder im sommerlichen Rosengarten unseres denkmalgeschützten Hauses finden sich gern die Freunde des Hauses (also auch die Gäste!) zu einem Plausch zusammen.

FERIENATELIER »K.-H. SIEGER«

Eingeladen sind hier vor allem Künstler zur selbstständigen Arbeit, aber auch Kunstfreunde sind willkommen, die in einer solchen künstlerisch inspirierten Atmosphäre wohnen und gleichzeitig die Ostseelandschaft genießen möchten. Nur zehn Gehminuten ist der Strand entfernt.

Eine umfangreiche Kunstbibliothek wird zur Verfügung gestellt. Wer sich in Ruhe mit Kunst – vor allem der der DDR – beschäftigen möchte, findet hier Lektüre und Muße. Mit Brigitte Sieger hat der Gast eine anregende Gesprächspartnerin, die sich auch gern über die Kunst ihres Mannes Kurt-Heinz Sieger austauscht. Auf Wunsch können Malkurse organisiert werden.

Genutzt werden die Räumlichkeiten auch von Kunststudenten für ein Pleinair. Die Studenten zelten dann auf der Wiese und nutzen das Atelier für ihre Studien und den sonstigen Aufenthalt (siehe Bild rechts in der Mitte). Geschirr gibt es für bis zu 10 Personen, Kosten 5 Euro pro Student und Tag.

Kontakt

Brigitte Sieger
Hexenheide 4
D – 17459 Zempin/Usedom
Telefon +49-(0)38377-42705
sieger@ferienatelier.de
www.ferienatelier.de

Kategorie	Apartment/Ferienwohnung
Komfort	mittel
Sprachen	Deutsch, Französisch
Zimmer	2 DZ und 1 Atelier, EUR 25/Person
	Nachlass bei längeren Buchungszeiten
	weitere Kosten: Kurabgabe ca. EUR 1,50/Tag
Verpflegung	Selbstverpflegung
Anbindung	nächster Bahnhof: Zempin und Zinnewitz, 1,5 km
	nächster Flughafen: Heringsdorf, 25 km
	(nur in der Saison)

Tipps
Pommersches Landesmuseum in Greifswald mit
Caspar-David-Friedrich-Sammlung
(www.pommersches-landesmuseum.de)
Peenemünde-Museum zur Heeresversuchsanstalt
der NS-Zeit (www.peenemuende.de)
Koserow Gedenkatelier Otto Niemeyer-Holstein
(www.atelier-otto-niemeyer-holstein.de)
Usedomer Kunsthaus Meyer in Zinnowitz
(www.insel-usedom.net/usedomer kunsthaus.htm)

Weitere Informationen

Das Seebad Zempin, auch »Bernsteinbad«
genannt, ist das kleinste Seebad der Insel
Usedom. Das ehemalige Fischerdorf verfügt über einen Naturcampingplatz und
FKK-Strand, das naturbelassene Hinter-
land ist von einem Radwegenetz durchzo-
gen. Auf Usedom leben etliche Künstler.

Brigitte Sieger

Das Atelier gehörte dem Künstler Kurt-
Heinz Sieger, der von 1917 bis 2002
lebte. Ich als seine Witwe habe beschlossen, das Atelier für die weitere künstlerische Nutzung zur Verfügung zu stellen.

Es wurde 2003 umgebaut mit intgrier-
ter Küche und Bad, angeschlossen ist ein
Zimmer mit zwei Doppelbetten. Außerhalb des Ateliers befindet sich ein weiteres Gästezimmer. Bad- und Küchennut-
zung sind dem Atelier angeschlossen.

ATELIER-FERIENHAUS OSTSEEBLICK

Wohnen im Museumsgarten – am Rande des Wäldchens »Kühlung« steht dieses moderne Atelierhaus mitten in einem großen Garten.

Das Haus liegt etwas außerhalb von Kühlungsborn in einem großen, blühenden Garten von 6.700 m² und bietet einen weiten Blick über die Endmoränenlandschaft, den Golfplatz bis hinunter zur Ostsee.

Neben Duschbad, kleiner Küche, Flur und Hauswirtschaftsraum gibt es zwei großzügige, helle Räume mit 20 und 45 m² mit je zwei Betten, so dass vier Personen Platz haben. Auf Wunsch kann ein Kinderbett aufgestellt werden. Geschirrspüler und Waschmaschine, TV und DVD-Player sind vorhanden. Man kann auf der Terrasse grillen und sich auf der Wiese ein Plätzchen suchen zum Sonnen, Lesen oder Dösen.

Im großen Raum lässt es sich auch gut arbeiten – falls es sich um einen »Arbeitsurlaub« handelt.

Kontakt

Anka Kröhnke
Schloßstraße 4
D – 18225 Ostseebad Kühlungsborn
Telefon +49-(0)38293-15339
info@anka-kroehnke.de
www.museum-atelierhaus-
roesler-kroehnke.de

Kategorie	Ferienhaus, 90 m²
Komfort	mittel
Sprachen	Deutsch, Englisch, etwas Französisch
Zimmer	2 DZ, 45 m² und 20 m², bis 4 Personen
	EUR 60 – 75/Tag
	behindertengerecht mit kleinen Einschränkungen
Verpflegung	Selbstversorgung
Anbindung	nächster Bahnhof: Kühlungsborn Mitte, 4 km;
	Kröpelin, 4 km
	nächster Flughafen: Rostock-Laage, 40 km

Foto: Falko Baatz, Güstrow

Foto: Claudia Lühdorf, Hamburg

Weitere Informationen

Schöner Ostseestrand, Yachthafen, großer Golfplatz und Wandermöglichkeiten. Klosteranlage in Bad Doberan (Zisterziensergründung), historische Altstadt in Wismar, Rostock mit Altstadt, Kunsthalle und Hafen, Warnemünde, etliche alte Dorfkirchen.

Anka Kröhnke

Ich stamme in dritter Generation aus einer Künstlerfamilie: Die Großeltern – Waldemar Rösler und Oda Hardt-Rösler – und meine Eltern Walter Kröhnke und Louise Rösler waren Maler. So bin ich mit Kunst aufgewachsen und habe selbst einen künstlerischen Beruf ergriffen (Tapisserie und Objekte).

Als ich den reichen Schatz der Werke erbte, beschloss ich, ein »Familienmuseum« zu gründen, habe ein sanierungsbedürftiges Haus nahe dem Ferienort Kühlungsborn gekauft und zu einem Museum hergerichtet.

Seit 2004 zeige ich mit zwei Ausstellungen pro Jahr unter immer neuen Aspekten die Werke dieser Künstler. Ich

Foto: Lutz Werner, Kühlungsborn

freue mich sehr über angeregte Gespräche mit kunstinteressierten Besuchern.

»Ein Haus für die Seele – eine Kunstinsel – ein Ort zum Wiederkommen«, so das Statement eines Gastes. Zu den Öffnungszeiten an den Wochenenden sind unter den Besuchern auch Künstler der Region und natürlich auch aus anderen Gegenden.

ATELIER IM DORNENHAUS

Das ebenerdig liegende, individuell eingerichtete Apartment mit idyllischem Bodden-blick und separatem Eingang befindet sich in Südostlage des über 350 Jahre alten Rohrdachhauses.

Das auch im Winter urgemütliche und warme Nichtraucherapartment mit einer Größe von 22 m² ist für zwei Personen ausgestattet. Obwohl nicht riesig, hat es alles, was ein Urlauberherz begehrt.

Und es ist eine Oase der Stille und des Friedens. Dazu gehören Außensitzplätze – unter dem vorkragenden Rohrdach, wind-geschützt im Freien, bei Bedarf auch auf Liegen. Ein PKW-Stellplatz ist selbstver-ständlich vorhanden.

Neben der im Haus befindlichen Galerie können Gäste beim Töpfern und Deko-rieren der traditionellen Fischlandkera-mik zusehen und eventuell auch »Selbst-versuche« starten oder frei modellieren. Bildhauer können bei uns im Garten arbeiten.

Kontakt

Renate & Friedemann Löber
Bernhard-Seitz-Weg 1
D – 18347 Ostseebad Ahrenshoop
Telefon +49-(0)38220-80963
fischlandkeramik@t-online.de
www.dornenhaus.de

Kategorie	Apartment/Ferienwohnung
Komfort	nicht vergleichbar (sehr individuell)
Sprachen	Deutsch, Englisch, Russisch
Zimmer	Ferienwohnung, für 2 Personen, EUR 35 – 55/Tag
	weitere Kosten: Endreinigung EUR 20, Kurabgabe
Verpflegung	Selbstverpflegung
Anbindung	nächster Bahnhof: Ribnitz-Damgarten, 29 km
	nächster Flughafen: Rostock-Laage, 42 km

Weitere Informationen

Gelegen auf der idyllischen Halbinsel Fischland-Darß-Zingst direkt zwischen Ostsee und Bodden, ist die »Künstlerkolonie Ahrenshoop« seit 1892 ein Ort lebendiger Kunst mit zahlreichen Künstlern und Galerien sowie einem im Bau befindlichen Kunstmuseum (www.kunstmuseumahrenshoop.de).

Renate & Friedemann Löber

Der um 1660 erbaute Althäger Bauern- und Fischerkaten »Dornenhaus« ist in seiner Urwüchsigkeit seit 1892, als sich mit Paul Müller-Kaempf Ahrenshoop zu einer bedeutenden Künstlerkolonie entwickelte, ein begehrtes Maler- und Fotografenmotiv. Es beherbergte so bekannte Gäste wie Bertolt Brecht und Helene Weigel. Nach aufwändiger zwölfjähriger Sanierung wird das denkmalgeschützte Rohrdachhaus, in dem sich neben den Wohnräumen seit 1998 auch die Töpferei der traditionellen Fischlandkeramik des in Ahrenshoop in einer Künstlerfamilie geborenen Keramikers Friedemann Löber befindet, im Sommer 1998 mit einer ersten Ausstellung im neu geschaffenen Galeriebereich der Öffentlichkeit zugänglich gemacht. Seitdem werden in dieser einzigartigen Atmosphäre Ausstellungen zeitgenössischer und der Künstlerkolonie verbundener Künstler erfolgreich präsentiert, ergänzt von Lesungen und musikalischen Programmen.

Das feinfühlig eingerichtete, ca. 22 m² große Ferien-Apartment mit separatem Eingang auf der Südostseite des 19 Meter langen Katens ist bei Gästen sehr beliebt – gleich, ob sie selbst Künstler, kunstinteressiert oder nur ruhebedürftig sind. Das Haus atmet Geschichte, und die Gäste spüren das …

ART.QUARTIER

Zwischen riesigen alten Bäumen, direkt am Ufer des kleinen Flusses Barthe, liegen die drei Ferienhäuser von ART.Quartier inmitten der 10.000 m² großen Parkanlage der ehemaligen Grafenresidenz Starkow.

Lassen Sie sich von den weitläufigen Feldern, Wiesen und Wäldern zum Radfahren, Wandern oder Reiten einladen, genießen Sie das atemberaubende Naturschauspiel der rastenden Kraniche in Frühjahr und Herbst oder relaxen Sie in unserer Sauna.

Ihre Kinder können sich ungestört von Autostraßen und Stadtlärm in unserem Naturgarten mit Spielplatz austoben und umgeben von Pferden, Hühnern und Schafen Abenteuer auf dem Lande erleben. Wir veranstalten regelmäßig Lagerfeuer mit Stockbrot, Grillen oder original ungarischem Kesselgulasch, zu dem alle gerne eingeladen sind. Ein eigener Grill und eine große Terrasse gehören selbstverständlich zu jedem Ferienhaus.

Kontakt

Anne Hille
Grafensteig 11
D – 18469 Starkow
Telefon +49-(0)38324-65990
ferien@artquartier.de
www.artquartier.de
www.annehille.de

Kategorie	Ferienhaus
Komfort	mittel
Sprachen	Deutsch, Englisch, Französisch, Ungarisch
Zimmer	3 Ferienhäuser mit insgesamt 1 EZ und
	7 Familienzimmern, ab EUR 20/Tag
Verpflegung	ÜF, Selbstverpflegung
Anbindung	nächster Bahnhof: Velgast, 6 km
	nächster Flughafen: Barth, 12 km

Weitere Informationen

Der kleine und malerische Ort Starkow liegt etwa 10 km von der Küste entfernt. Der nahe gelegene Darß und die Vorpommersche Boddenlandschaft gehören unter Umweltaspekten zu den saubersten Gegenden Europas. Ausflugsziele sind u. a. Stralsund und Barth, das Kranich-Informationszentrum Groß Mohrdorf und die Bernsteinstadt Ribnitz-Damgarten.

Tipps

Der Kunstverein Forum für aktuelle Kunst e.V. ist eng mit den Aktivitäten im ART.Quartier verknüpft und versteht sich als Plattform zeitgenössischer Kunst. Abgerundet werden die künstlerischen Aktivitäten durch andere in Starkow lebende Künstler oder durch Angebote des Vereins »Backstein – Geist und Garten e.V« (www.backstein-geist-garten.de).

Anne Hille

Anne Hille, die Eigentümerin vom Art. Quartier, ist Künstlerin. Sie hat in Berlin an der Universität der Künste Bildhauerei studiert und hatte u. a. in Ahrenshoop ein Stipendium. Dadurch hat sie die Region Fischland-Darß-Zingst kennen- und liebengelernt und wohnt seit 2002 in dem malerisch an der Barthe gelegenen Dorf Starkow. Auf ihrem Hof, der im ehemaligen Park des Gutshauses liegt, sind drei großzügige Ferienhäuser (bis 140 m²), die auch für Gruppen und größere Familien viel Platz bieten.

Anne Hille hat 2004 einen Kunstverein (www.starkoart.de) gegründet, der nicht nur in Starkow, sondern in der ganzen Region Ausstellungen und Symposien veranstaltet. Häufig sind befreundete Künstler im Art.Quartier zu Gast.

Außerdem veranstaltet sie in Zusammenarbeit mit Tänzern, Filmemachern und Schriftstellern im Art.Quartier Kunst-Workshops und Seminare (www.stark-art-ostsee.de). Die Häuser bieten samt Atelier auch Platz, eigene Seminare oder Familienfeiern zu realisieren.

BRUCHMÜHLE
WERKSTATT FÜR KULTUR

Die Bruchmühle wurde 1610 das erste Mal erwähnt, 1840 erhielt sie ihr jetziges Aussehen. Seit 1984 wird sie als »Kulturmühle« genutzt.

In dem liebevoll restaurierten und modernisierten Gebäude finden sich fünf individuell eingerichtete Doppel- und Dreibettzimmer. Hier kann man schlafen wie im Biedermeier – mit Originalgemälden der Zeit – oder auch wie ein Müllerknecht im einfachen Müllerzimmer im Herzen der Mühle, Brot backen im Freilandofen von 1820, Kochen und Speisen in historischer Küche.

Weitere Informationen

Die direkte Umgebung der Bruchmühle erzählt viel von der Geschichte und vom Mühlenleben.

Nah liegt das Dorf Dammereez mit seinem Jagdschloss aus dem 19. Jahrhundert, das von einem historischen Park umgeben ist. In den Flachwassergebieten nisten seltene Vögel wie Kraniche, Wildgänse und Wildenten.

Etwa 20 km entfernt liegt das 1246 gegründete Zisterzienserkloster Zarrentin am Schaalsee. Außerdem locken Ludwigslust, das »Versailles des Nordens«,

Kontakt

Volkmar Kurkhaus
Brahlstorfer Straße 5/Bruchmühle
D – 19273 Brahlstorf
Telefon/Fax +49-(0)38848-21226

Kategorie	Pension
Komfort	mittel
Sprachen	Deutsch
Zimmer	5 DZ, EUR 25/Person ohne Frühstück, EUR 30/Person mit Frühstück
	1 Müllerknechtzimmer, EUR 20/Person ohne Frühstück
	Teich/Waldbad zum Schwimmen
Verpflegung	Ü, ÜF
	Café im Haus
Anbindung	nächster Bahnhof: Brahlstorf, 1,5 km
	nächster Flughafen: Hamburg, ca. 60 km

Fotos: Frizzi Kurkhaus

und Schwerin mit dem Mecklenburgischen Staatstheater und seiner Seenlandschaft (www.theater-schwerin.de).

Volkmar Kurkhaus

Ich selbst bin Grafiker. Jährlich finden hier Ausstellungen und Lesungen statt. Zu meinen Gästen zählen vor allem Berliner Künstler. Das hat sicherlich seine Gründe auch darin, dass sich die Bruchmühle als »Werkstatt für Kultur« versteht.

Die Bruchmühle öffnet mit »Kunst und Musik offen« zu Pfingsten und zum »Deutschen Mühlentag« ihre Türen. Kochen in historischer Küche, Essen in der Müllerstube, Trinken in der Kulturkneipe, Brot backen, Lagerfeuer und Boot fahren auf dem Mühlenteich – hier gibt es Abwechslung über das ganze Jahr.

Der Kunstkurs im Sommer bietet Kunstinteressierten landschaftliche, tierische und mühlentypische Motive für Skizzen und Aquarelle. Erfrischung bieten der Mühlenteich oder das fußläufig gelegene Waldbad Vellahn.

Tipps

Das »Kleine Fest« findet jährlich u. a. in Ludwigslust statt. 80 Künstler und Kleinkunstbühnen verzaubern hier und in fünf weiteren herrschaftlichen Parks im August ihre Besucher (www.kleinesfest.de).

GUTSHAUS ROTHEN

In Rothen kann man die totale Ruhe genießen, im See baden, im Park auf der Wiese liegen, nichts tun und ausspannen. Wer es aktiver mag, fährt mit dem Fahrrad durch die sanfthügelige Landschaft oder steigt gegenüber vom Gutshaus am Reitplatz aufs Pferd.

Weitere Informationen

Die Sternberger Seenlandschaft ist ein besonders lieblicher Teil von Mecklenburg-Vorpommern mit sanften Hügeln, Wäldern und sehr vielen Seen. Die Region liegt zentral im Land: Zur Ostsee, nach Schwerin, Wismar, Güstrow und Rostock ist es mit dem Auto bequem jeweils eine halbe bis eine Stunde.

Gabriele & Christian Lehsten

Gabriele Lehsten ist seit 1989 freischaffende Goldschmiedin. Sie gestaltet Unikatschmuck, der als edel, bunt, tragbar, klassisch, geometrisch, modern, exakt, klar, teuer, prächtig charakterisiert werden kann. Christian Lehsten ist Fotojournalist und seit 1991 Mitglied der Fotoagentur argum. Er hat viele Jahre für politische Wochenzeitungen gearbeitet.

Kontakt

Gabriele & Christian Lehsten
Kastanienweg 5
D – 19406 Rothen
Telefon +49-(0)-38485-50250
info@gutshausrothen.de
lehsten@von-miller-schmuck.de
www.gutshausrothen.de
www.von-miller-schmuck.de

Kategorie	Ferienwohnung im Gutshaus
Komfort	hoch
Sprachen	Deutsch, Englisch
Zimmer	5 Ferienwohnungen, 35 – 140 m², 2 – 8 Personen: EUR 60 – 120/Tag
	einmalige Endreinigung
Verpflegung	Selbstverpflegung
Anbindung	nächster Bahnhof: Bützow, 20 km; Güstrow, 26 km
	nächster Flughafen: Rostock, 50 km

Tipps

Café und Restaurant »Zur Rothen Kelle« in Rothen
Seehotel in Nakensdorf am Neukloster See
Restaurants Verdura und Verve in Güstrow
Restaurant im Gutshaus Linstow
Galerie Rothener Mühle
Metallgestalterin T. Kaenders in Rothen
Töpferei J. P. Planke in Lenzen
Töpferei B. Hasse in Lenzen
Töpferei C. Damrow in Bolz
Galerie Lau in Baumgarten
Bildhauer St. Albrecht in Eickhof

Zur Zeit fotografiert er für Gartenbücher. Beide sind mit ihrem Sohn Jacob 2004 ins Gutshaus nach Rothen in Mecklenburg-Vorpommern gezogen, weil es sie aufs Land gezogen hat. Das große Haus bietet ihnen die ideale Möglichkeit, nicht nur in einer herrlichen Landschaft direkt am See zu wohnen, sondern dort auch zu arbeiten und nach den eigenen Vorstellungen Ausstellungen, Konzerte und Lesungen zu veranstalten. Außerdem befinden sich drei Ferienwohnungen im Gutshaus, eine im Pferdestall, und im Park liegt noch ein kleines Ferienhäuschen. Die Urlauber können sich in den liebevoll eingerichteten Wohnungen persönlich aufgenommen und zu Gast im Gutshaus fühlen.

Zudem ist Rothen ein besonderes Dorf voller kultureller Aktivitäten. Es gibt in der Rothener Mühle eine Galerie für hochwertiges Kunsthandwerk, die von Mai bis September ihre Pforten geöffnet hat. Im Rothener Hof, gegenüber vom Gutshaus, hat die Metallgestalterin Takwe Kaenders ihr Atelier, die Foto-Druckerin Dahny Melzig ihren Arbeitsraum und eine Schreinerei ihre Werkstatt. Im Sommer finden Malkurse für Erwachsene und Kinder im Rothener Hof statt. Aber auch in den Nachbardörfern wie Lenzen, Woserin, Techentin haben sich Kunsthandwerker angesiedelt, die in ihren Werkstätten zu besuchen sich lohnt. Die Kunsthandwerker aus Rothen gestalten jedes Jahr ein gemeinsames Jahresprogramm, das im Frühjahr erscheint. Rothen hat sich weit über die Region hinaus einen Namen erworben als kulturelles Zentrum. Zu »Kunst: Offen« an Pfingsten strömen an den drei Tagen hunderte von Besuchern ins Dorf, erfreuen sich an der ausgestellten Kunst und genießen bei Kaffee und Kuchen im Café »Zur Rothen Kelle« im Rothener Hof den schönen Ort.

SEEHOTEL AM NEUKLOSTERSEE

Das Seehotel bietet ein umfangreiches Sport- und Wellnessangebot: Neben dem eigenen Badestrand, Boots- und Fahrradverleih sowie Tennisplätzen bietet der Wellnessbereich mit Schwimmbad am offenen Kamin und Saunalandschaft ein großes Angebot an kosmetischen Anwendungen, Bädern und Massagen.

Weitere Informationen

Inmitten des Naturschutzgebietes »Sternberger Seenland«, direkt am Ufer des Neuklostersees gelegen. Eine halbe Stunde entfernt von der Ostseeküste, auf der Route mehrerer ausgewiesener Radwander- und Fernwege.

Kontakt

Johanne & Gernot Nalbach
Seestraße 1
D – 23992 Nakenstorf bei Neukloster
Telefon +49-(0)38422-4570
seehotel@nalbach-architekten.de
www.seehotel-neuklostersee.de

Kategorie	Hotel
Komfort	hoch****
Sprachen	Deutsch, Englisch
Zimmer	2 EZ, ab EUR 70/Person
	8 DZ, ab EUR 60/Person
	11 Suiten, ab EUR 70/Person
	3 Ferienhäuser, ab EUR 90/Person
	teilw. mit Küche/Kitchenette und Balkon/Terrasse
Verpflegung	ÜF, HP auf Anfrage
	Café, Bar und Restaurant im Haus
Anbindung	nächster Bahnhof: Wismar, 22 km
	nächster Flughafen: Rostock, 59 km

Johanne & Gernot Nalbach

Bei meinen zahlreichen Hotelplanungen im In- und Ausland für Hotelketten und Privathoteliers habe ich bereits in der Entwurfsphase immer auf die Verknüpfung von Architektur, Innenraum und Gegenstand Wert gelegt: In diesem Sinne habe ich das erste Designhotel Deutschlands – das »art'otel Vostell« in Berlin – für den Initiator und Bauherrn Dirk Gaedeke im Jahre 1990 geplant, woraus dann eine europaweit eigenständige »art'otel«-Marke wurde.

Die Verbindung von Kunst, Raum und Architektur verschaffte den Hotels eine eigenständige Kennung im Gegensatz zu den damals – auch international – relativ undifferenziert gestalteten Häusern der Mitbewerber.

Als aktuelles Beispiel für die Verknüpfung von Kunst und Architektur gilt das »art'otel« am Rheinauhafen in Köln, das der koreanischen Künstlerin SEO gewidmet ist. Ich verstehe diesen Ansatz nicht als aufgesetzte Marketingstrategie, sondern als inhaltliche und formale Ambition, die jeweils aus der Ortsbezogenheit zusätzliche Kraft bezieht. Demnach war es bei meinem ersten eigenen Hotel auf

Tipps
Die Kunstscheune des Seehotels ist Austragungsort der Festspiele Mecklenburg-Vorpommern (www.festspiele-mv.de).
Führungen/Besichtigung des historischen Zisterzienserklosters in Neukloster sowie bedeutender Baudenkmäler der Baltischen Backsteingotik.

dem Land naheliegend, eine Verbindung von Landschaft, Architektur – neu/alt – und Design herzustellen. Das geschah im Seehotel einerseits durch Adaption einer Scheune zu einem kulturellen Veranstaltungsort, der inzwischen auch international bekannt ist und u. a. von den Festspielen Mecklenburg-Vorpommern bespielt wird, andererseits durch eine auf die unterschiedlichen Häuser (Steinhaus, Badescheune, Ferienhäuser, Wohlfühlhaus etc.) abgestimmte Inneneinrichtung. Durch die Mischung mit antiquarischen Einrichtungselementen aus der Umgebung ergibt sich ein interessantes Spannungsfeld. Bilder und Kunstgegenstände in dem Hotel stammen von Künstlern aus Mecklenburg.

HAUS MEERBLICK

Die geografische Lage des Nordseebades Dangast ist an der gesamten Nordseeküste einzigartig. Die letzte Eiszeit hat hier einen Geestrücken hinterlassen, auf dem sich der »alte« Ortskern befindet und der gleichzeitig eine natürliche Deichlinie bildet. Auf diesem natürlichen »Hügel« – also ohne den Deich vor der Nase – befindet sich das »Haus Meerblick«. Nur wenige Häuser haben diese besondere Lage.

Bei Ebbe schauen Sie von unserer gemütlichen Wohnküche den Wattwanderern zu, bei Flut können Sie die MS »Etta von Dangast« oder die Fischkutter beim Einlaufen in den Hafen beobachten.

Neben einer Terrasse zur Seeseite, von der aus Sie windgeschützt die Sonnenuntergänge genießen können, steht Ihnen in unserem großen Garten – nur einige Schritte von der Wohnung entfernt – eine sonnige Sitzecke im Grünen mit Spielplatz und -haus zur Verfügung. Der Kontakt zur Vermieterfamilie sorgt für eine private Atmosphäre.

Kontakt

Ina-Maria Abken-Ziegler
An der Rennweide 8
D – 26316 Varel/Nordseebad Dangast
Telefon +49-(0)4451-6584
abken.ziegler@t-online.de
www.arngast.de/auz

Kategorie	Ferienhaus
Komfort	mittel***
Sprachen	Deutsch, Englisch, Französisch, etwas Spanisch
Zimmer	1 DZ samt Kinderempore mit 2 Alkoven
	Einkaufsservice vor der Anreise, Kinderbetreuung, Kinderspielplatz, Segelboot, Liegeplatz für Gastboot möglich, Windsurfing-Ausrüstung gegen Gebühr
Verpflegung	Selbstverpflegung
Anbindung	nächster Bahnhof: Varel, 7 km
	nächster Flughafen: Bremen, 80 km

     WC   P

Tipps

Brücke-Maler: Museen in Oldenburg, Kunsthalle Emden (www.kunsthalle-emden.de)

Akademie Dangast: Kunstkurse über die Kurverwaltung buchbar; hier ist auch die Broschüre »Küstenkunst und Meermalerei« erhältlich (www.dangast.de)

Weitere Informationen

Das Nordseebad Dangast ist die Wiege des Expressionismus, der hier quasi durch die Arbeit der »Brücke«-Maler vor Ort entstanden ist. Hier haben sich bis 1912 Schmidt-Rottluff, Heckel, Pechstein, Ritter u. a. getroffen, um zu malen und vor allem die besondere Wolkenbildung, die sich hier über dem Geestrücken »ereignet«, festzuhalten. Hieraus entstand eine lange Künstlertradition, die bis an die Gegenwart heranreicht (Beuss, Anatol, Grenzer, Akademie Oldenburg, Hinck u.v.m.).

Der Dangaster »Kunstpfad« zeigt Reproduktionen der Gemälde an den Orten des Schaffens. Das Franz-Radziwill-Haus ist »Museum« des Wohnhauses und des Ateliers des berühmten Malers mit wechselnden Ausstellungen.

Das Kurhaus Dangast ist »Kultstätte« für künstlerische Aktivitäten (z. B. Anatol/ »Papierschiff« zur documenta 9).

Ina-Maria Abken-Ziegler

Die Gastgeber sind freischaffende Architekten und beide regional in Vereinen, die sich mit Kunst beschäftigen, aktiv: Der Kurverein in Dangast beschäftigt sich seit langem mit dem Aufstellen von »Stolpersteinen« (z. B. Steinstelen, »Friesendom«) an Orten in Dangast, an denen es sich »zu stolpern lohnt«, d. h. innezuhalten, um eine Besonderheit des Ortes auf sich wirken zu lassen. Mobz – Kunst und Kultur in und um Dangast (www.mobz-dangast.de) widmet sich der Weiterentwicklung der regionalen Kunstszene.

Durch diese Aktivitäten sind beide Gastgeber sehr gut über die Kunstszene in Dangast und umzu informiert und gerne bereit, ihr Wissen an die Gäste weiterzugeben, d. h. wir klönen gerne mit Ihnen auf der Bank vor der Haustür, bei einem Gläschen zum Sonnenuntergang oder bei einem Grillabend.

APART HOTEL SPIEKEROOGER
LEIDENSCHAFT UND RESIDENZEN

Spezielle Arrangements wie z. B. »Kreativ erholen« verbinden die Angebote der Spiekerooger Leidenschaft mit denen des Künstlerhauses. Kreativkurse sind im Paket mit Übernachtung zu speziellen Tarifen buchbar.

Weitere Informationen

Die idyllische Nordseeinsel Spiekeroog ist das zweitöstlichste der bewohnten ostfriesischen Eilande im Nationalpark Niedersächsisches Wattenmeer. Über eine Fläche von 18,25 km² erstreckt sich dieses einzigartige Urlauberparadies. Vor rund 5.000 Jahren bildete sich Spiekeroog aus vom Wind angewehten Sandbänken. Seit

Kontakt

**Apart Hotel Spiekerooger
Leidenschaft und Residenzen**
Norderpad 6
D – 26474 Spiekeroog
Telefon +49-(0)4976-70600
info@spiekerooger-leidenschaft.de
www.spiekerooger-leidenschaft.de
www.kuenstlerhaus-spiekeroog.de

Kategorie	Hotel und Apartment/Ferienwohnung
Komfort	hoch
Sprachen	Deutsch, Englisch
Zimmer	19 EZ, ab EUR 85/Person
	19 DZ, ab EUR 55/Person
	4 Familienzimmer, ab EUR 75/Person
	Apartments auf Anfrage
	Telefon, Garten/Liegewiese, Spielplatz nur im/am Haupthaus
Verpflegung	ÜF, HP, VP
	Restaurant im Haus
Anbindung	nächster Bahnhof: Esens, 10 km (Weiterfahrt zum Hafen Neuharlingersiel)
	nächster Flughafen: Bremen, 150 km

1820 werden hier Gäste begrüßt, das Nordseeheilbad Spiekeroog steht seitdem für Naturverbundenheit.

Das gemütliche Inseldorf befindet sich auf der dem Festland zugewandten Südseite Spiekeroogs. Anstelle der Autos rollen hier höchstens Bollerwagen. Statt des hämmernden Geräuschpegels pulsierender Großstädte ertönen Vogelgezwitscher und Pferdehufe. Woanders gibt es Hochhäuser und Bettenburgen, hier findet man Sanddorndickichte, Schwarzkieferngehölze, Zitterpappelhaine, Krähenbeerheiden und Strandhafer sowie liebevoll geführte Pensionen, Ferienwohnungen und Hotels. Zwischen dem im Norden und Westen gelegenen, schier endlos breiten, weißen Sandstrand und dem Dorf liegen herrliche Dünenlandschaften.

Galerie- und Künstlerhaus Spiekeroog

Spiekeroog – die grüne Perle – gehört mit ihrem charmanten Ortskern, den weiten Stränden und der reizvollen Wattlandschaft zu den schönsten der Nordseeinseln. Die Gegenwart der See, die Abgeschiedenheit der Insel und die Weite des Blickes befreien die Sinne, beflügeln Gedanken der Neuorientierung und setzen kreative Kräfte frei.

Das Galerie- und Künstlerhaus Spiekeroog glänzt seit Juni 2007 mit Möglichkeiten, dieser Kreativität Ausdruck zu verleihen: Der inspirierende Ort für Künstler, Profis wie Ungeübte, lädt ein zum Schauen und Verweilen, zum Entspannen und Genießen und – insbesondere – zur künstlerischen Besinnung und Entfaltung. Kunst- und Kulturinteressierte, Urlauber oder Führungskräfte aus Wirtschaft und Gesellschaft, die sich in kreativen Techniken ausprobieren und ihren eigenen künstlerischen Ausdruck finden wollen, sind im Galerie- und Künstlerhaus Spie-

Tipps
Das sommerliche Internationale Jazzfestival Spiekeroog, ein Besuch im ganzjährig geöffneten Schmuckpavillion von Christa Franke, das Atelier Noorderpad gegenüber dem Haus des Gastes mit seinen wechselnden Ausstellungen regionaler und überregionaler Künstler oder das Spiekerooger Inselkino sind feste Größen im Kulturleben der Insel. Insbesondere im Sommer wird es ergänzt durch ein kleines, anspruchsvolles Kulturprogramm mit Kabarett, Lesungen, Theater und Comedy.
Regionale Ausflüge lohnen sich ins Inselmuseum, in das Kuriose Muschel-Museum oder zum sommerlichen Dorffest. Ein Muss für jeden Besucher ist eine Fahrt mit der Spiekerooger Museums-Pferdebahn (www.spiekeroog.de).

keroog herzlich willkommen. In großzügigen Ateliers und Werkstätten vermitteln erfahrene Künstler und Dozenten Techniken und Kenntnisse zur Kunstausübung.

Die Galerie zeigt wechselnde Ausstellungen vor allem junger Künstler, die auf diese Weise eine Plattform für ihre Kunst finden sollen. Das Galerie- und Künstlerhaus Spiekeroog bietet seinen Gästen innerhalb und außerhalb der Saisonzeiten attraktive Veranstaltungen und Workshops mit wechselnden Künstlerinnen und Künstlern und moderne Räumlichkeiten für Feiern, Tagungen und Seminare.

PAULAS ATELIER

34.000 m² großer historischer, denkmal-geschützter Garten mit Skulpturen des Malers Carl Emil Uphoff. In der Nachbarschaft diverse weitere Kunststätten wie Hoetgerhof, der Barkenhoff mit dem Heinrich-Vogeler-Museum, Käseglocke ...

Der Brünjeshof, ursprünglich ein kleiner Bauernhof am Rand des Weyerberges hin zum Bergedorfer Moor, ist seit Anfang des 20. Jahrhunderts eng mit den Worpsweder Künstlern verknüpft. Zunächst hatte Paula Modersohn-Becker hier in der jetzigen Ferienwohnung ihr Atelier, später mit Oberlicht im Reetdach, angemietet von Bauer Brünjes.

Ab 1911 arbeitete und lebte hier der Maler, Bildhauer und Schriftsteller Carl Emil Uphoff in Nachbarschaft von Bernhard Hoetger. Beide schufen sich einen künstlerischen Garten, arbeiteten zeitweise auch zusammen. Später arbeitete hier auch die Worpsweder Werkgemeinschaft C. E. Uphoff, F. Uphoff, T. Tügel.

Kontakt

Philipp Uphoff & Julia Erythropel
Ostendorfer Straße 25
D – 27726 Worpswede
Telefon +49-(0)4792-1420
philipp.uphoff@arcor.de
www.worpswede-ferienwohnung-paula.de

Kategorie	Apartment/Ferienwohnung
Komfort	mittel
Sprachen	Deutsch
Zimmer	1 DZ, EUR 58/Übernachtung
	Endreinigung EUR 30
Verpflegung	Selbstverpflegung
Anbindung	nächster Bahnhof: Bremen, 31 km
	nächster Flughafen: Bremen, 36 km

Teufelsmoor, Foto: Nicole Kanning

Weitere Informationen

»Worpswede, Worpswede, Worpswede ... es ist ein Wunderland«, schrieb die Malerin Paula Modersohn-Becker 1897 begeistert in ihr Tagebuch. Der Dichter Rainer Maria Rilke schwärmte von einem »Himmel von unbeschreiblicher Veränderlichkeit und Größe«. Bis heute ziehen Worpswede und der Himmel über dem Weyerberg Künstler wie kunstinteressierte Besucher in den Bann.

Birkengesäumte Straßen führen über Bremen hinaus nach Norden, bis an den Rand des Weyerberges, zu dessen Füßen das weltbekannte Künstlerdorf liegt. Sanft wölbt sich die bewaldete Sanddüne auf 54,4 Meter. Die Häuser stehen, von Bäumen dicht umschlossen, in einem großzügigem Halbkreis um den Berg.

Seit sich ab 1884 Fritz Mackensen und seine Künstlerfreunde hier niederließen, sind ihnen bis heute viele Kunstschaffende gefolgt. Und noch immer verbinden sich in Worpswede Kunst, Kultur, Architektur und Landschaft zu einer einzigartigen Atmosphäre. Ausstellungen der Alten Worpsweder Meister in den Museen und Kunst- und Kulturstiftungen, internationale zeitgenössische Kunst in Galerien und Ateliers, Künstlerarchitektur umgeben von Gärten, Wäldchen und Feldern – in Worpswede liegen zwischen einem Spaziergang über den Weyerberg und dem Besuch eines Museums oder einer Vernissage keine Welten, sondern nur wenige und obendrein erlebnisreiche Meter. Die Verbindung von Kunst, Kultur und Landschaft ist genau das, was Worpswede zu einem ganz besonderen Erlebnis macht.

Tipps

Reichlich Angebote im Bereich Kunst, Natur, Kultur siehe www.worpswede.de

Fluss- und Moorlandschaft, Wald und Wiesen, große Vogelschutz- und Überflutungsflächen

Viele Kunst- und Kulturangebote sowie einfache und anspruchsvolle Gastronomie sowohl im Künstlerdorf Worpswede als auch in Bremen

Käseglocke, Foto: Gabi Anna Müller

Philipp Uphoff & Julia Erythropel

Wir, die heutigen Eigentümer, sind in vielfacher Form der hiesigen und allgemeinen Kunst verbunden. Ich selbst bin ein Enkel Carl Emil Uphoffs und arbeite als selbständiger Landschaftsplaner und Gärtner im Bereich privater Hausgärten und historischer Gartenanlagen mit einem Landschaftsbaubetrieb. Julia Erythropel ist freizeitlich als gelernte Keramikerin tätig.

Die Hofanlage ist von weiteren Familienangehörigen bewohnt als eine Art Mehrgenerationenhof.

PENSION IM HAUS IM SCHLUH

Gemütlichkeit, Stille und historisches Ambiente sind drei Worte, die die Atmosphäre des Hauses gut beschreiben. In Ihrem Zimmer finden Sie, wie zu Großmutters Zeiten, eine Schüssel und eine Kanne als Waschgelegenheit.

Seit der Gründung ist die Gästepension fester Bestandteil des Haus im Schluh. Die Pension wird geleitet von Daniela Platz, einer Urenkelin von Martha und Heinrich Vogeler. Die Zimmer sind mit den Originalmöbeln eingerichtet, die Vogeler und sein Schwiegersohn Walter Müller entworfen haben.

Gefrühstückt wird also mitten in einem Museum – Martha Vogeler vor Augen, die Heinrich Vogeler vielfach porträtierte. Eine große Anzahl seiner Gemälde ist, zusammen mit Werken anderer Worpsweder Künstler, Bestandteil der Heinrich-Vogeler-Sammlung.

Kontakt

Daniela Platz
Im Schluh 37
D – 27726 Worpswede
Telefon +49-(0)4792-950061
d.platz@haus-im-schluh.de
www.haus-im-schluh.de

Kategorie	Pension
Komfort	mittel
Sprachen	Deutsch, Englisch
Zimmer	2 EZ, EUR 57/Übernachtung
	6 DZ, EUR 99/Übernachtung
	1 Suite, EUR 109/Übernachtung
	1 Ferienwohnung für 3 Personen, EUR 109/Tag, Rabatt bei längerem Aufenthalt
	TV auf Anfrage
Verpflegung	ÜF
	Café im Haus
Anbindung	nächster Bahnhof: Bremen, 25 km
	nächster Flughafen: Bremen, 30 km

Fotos: Haus im Schluh

Weitere Informationen

Das Künstlerdorf Worpswede liegt 25 km nördlich von Bremen. Aus der flachen Wiesen- und Moorlandschaft ragt der 54 Meter hohe Weyerberg heraus, der die Künstler schon in den 80er Jahren des 19. Jahrhunderts in den Ort lockte. Neben den alten Bauern- und Bürgerhäusern findet der aufmerksame Besucher Gebäude von Künstlerhand. Fünf Museen präsentieren die Werke der Worpsweder Künstler. Am Rande des Ortes fließt die Hamme, auf der braune Torfschiffe segeln. Und der Moorexpress fährt mit seinen historischen Triebwagen von Bremen bis nach Bremervörde durchs Teufelsmoor.

Daniela Platz

Daniela Platz gehört zu den Menschen im Künstlerdorf Worpswede, die seit Jahren die Tradition der Künstlerfamilien pflegen. Gemeinsam mit Berit Müller leitet sie das Haus im Schluh in Worpswede, das aus dem Museum, der Handweberei und der Gästepension besteht.

Das Haus im Schluh wurde 1920 von Martha Vogeler gegründet, um die Kunstwerke ihres Mannes der Öffentlichkeit zu präsentieren. Mit der umfangreichen Sammlung von Gemälden, Möbeln und anderen von Heinrich Vogeler entworfenen Gegenständen sowie Erinnerungsstücken aus der gemeinsamen Lebenswelt des Barkenhoffs können die Besucher auf eine Zeitreise in die Entstehungsgeschichte der Künstlerkolonie gehen.

Seit 1993 führt Daniela Platz die Pension im Haus im Schluh. Die Gäste können nicht nur zwischen den Gemälden Heinrich Vogelers ihr Frühstück einnehmen, sondern werden von ihr auch durch das Künstlerdorf oder in die Teufelsmoorlandschaft geführt. Es gibt viele Ge-

Tipps

Kuchen und Kaffee oder Tee in der nostalgischen Atmosphäre des neuen Cafés »Hans am Ende« im Hotel Buchenhof direkt neben dem Barkenhoff, umgeben von Skulpturen des Bildhauers Christoph Fischer oder drinnen mit Bildern des Künstlers Hans am Ende. Verschiedenste Kunst- und Kulturangebote lassen sich über die Gästeinformation für Worpswede und das Teufelsmoor buchen (Tel. +49-(0)4792-935820, www.worpswede.de).

schichten zu erzählen über die Künstler und Künstlerinnen des Ortes. Ob es die früh verstorbene Malerin Paula Modersohn-Becker ist, der Dichter Rainer Maria Rilke, der hier seine Frau, die Bildhauerin Clara Westhoff, kennenlernte, oder der eigene Urgroßvater Heinrich Vogeler, der vom Jugendstil- zum Agitpop-Künstler wurde.

Viele junge Künstler wohnten und arbeiteten im Haus im Schluh. Noch heute ist das Haus im Schluh ein Anziehungspunkt für Kreative. Ob Künstler, Schriftsteller oder Schauspieler, alle finden hier bei Daniela Platz eine verständnisvolle Zuhörerin.

ARTE|P|73

Unsere Gästezimmer liegen zentral im Herzen der Neustadt Bremens.

Ein Basisfrühstück zur Selbstzubereitung ist in unseren Gästehäusern immer im Preis inklusive: Stets stehen dem Besucher Kaffee, Tee, Cerealien, Obst, Butter, Milch, Marmelade und Aufback-Brötchen zur Verfügung.

In den Gästewohnungen kann das Frühstück dazu gebucht werden. Wechselnde Künstler stellen in den Hausfluren aus. Die Zimmer sind durch den Bremer Künstler Joachim Pohlenk und die dänische Künstlerin Mette Joensen mit Kunstwerken ausgestattet.

Kontakt

Petra Wittenberg
Pappelstraße 73
D – 28199 Bremen-Neustadt
Mobil +49-(0)1520-1799264
uebernachten@artep73.de
www.artep73.de

Kategorie	Privat/Gästezimmer, Gästehaus, Apartment/Ferienwohnung
Komfort	mittel
Sprachen	Deutsch, Englisch
Zimmer	4 DZ, ab EUR 59/Übernachtung
	DZ können auch als EZ bzw. Gästewohnung vermietet werden.
Verpflegung	Ü, ÜF
	Café und Restaurant im Haus
Anbindung	nächster Bahnhof: Bremen, 2,8 km
	nächster Flughafen: Bremen, 3 km

Weitere Informationen

Die verkehrsberuhigte Pappelstraße mit ihren kleinen Geschäften, Restaurants, Cafés und vielen Einkaufsmöglichkeiten lädt zum Bummeln und Flanieren ein. Das Café Dolce Vita unten im Haus bietet einen wunderbaren vegetarischen Mittagstisch.

Die Bremer Altstadt und der Schnoor in der Altstadt sind nur wenige Gehminuten entfernt.

In unmittelbarer Nähe zum Gästehaus befindet sich das Naherholungsgebiet von Weser und Werdersee, wo das Spazieren oder Radfahren zu einem Naturerlebnis werden kann.

Petra Wittenberg

Durch meine ehemalige berufliche Tätigkeit in einem Kunstverein und die Lebensgemeinschaft mit einem Künstler ist mein Interesse an der Kunst stetig gewachsen. Leider gönnt man sich Kunst im Alltag meist nicht, somit entstand die Idee, künstlerisch gestaltete Zimmer zu kreieren, um einen inspirierenden Aufenthalt im mittleren Preissegment zu ermöglichen.

Mein Publikum ist international. Es sind Leute – ob Freunde, Bekannte, Verwandte, Geschäftsleute –, die kunstvoll übernachten wollen. Wir sind mehr als eine Unterkunft!

Neben ARTE|P|73 betreibe ich noch weitere Gästezimmer in der Langemarck- und der Rheinstraße, ganz in der Nähe. Ein neues kleines Gästehaus mit Ausstellungen moderner Fotografie, ARTE|

Tipps

Die Neustadt verfügt über viele kulturelle Angebote wie z. B. das Moderne Museum Weserburg, das Kino Modernes, die Shakespeare Company, das Schnürschuhtheater und die Städtische Galerie. Im Frühjahr findet stets der Bremer Kunstfrühling statt (www.kunstfruehling.de).

Museum Weserburg   Foto: Ingo Clauss

P|LOW BUDGET, eröffnete 2011 in der Erlenstraße. Hier fühlt es sich an, als sei man im Wohnzimmer einer coolen WG von Freunden gelandet. Ein idealer Ort für Menschen, die den unbequemen Gästesofas ihrer Bekannten entwachsen sind, aber nicht erwachsen genug sind, um die Tristesse der Mittelklassehotels zu ertragen. Das Low Budget ist ideal für kleine Gruppen, aber auch für Einzelpersonen, Paare, Freunde, eben für alle, die den Kontakt mit anderen nicht scheuen.

DIE DEPENDANCE DE ARTE
DER KUNSTSALON PETRA HEITKÖTTER

Umgeben von moderner Kunst wohnt man zentrumsnah in ruhigen Seitenstraßen.

Vier individuelle und liebevoll gestaltete Apartments, teilweise mit Holzböden, Küchen, Bädern, Kronleuchtern, Fernsehern sowie Internetzugang über W-LAN stehen zur Verfügung. Ein leichtes Frühstück zur eigenen Zubereitung wird ins Apartment gebracht.

Kontakt

Petra Heitkötter
Helgolander Staße 56
D – 28217 Bremen
Telefon +49-(0)421-75800
info@petraheitkoetter.de
www.kuenstlerwohnung.de

Kategorie	Privat/Gästezimmer, Apartment/Ferienwohnung
Komfort	hoch
Sprachen	Deutsch, Englisch, Spanisch
Zimmer	EZ und DZ auf Anfrage
	3 Ferienwohnungen für 1 – 2 Personen, EUR 45 – 65/Tag
	2 Ferienwohnungen für 2 – 5 Personen, EUR 80 – 120/Tag
Verpflegung	ÜF
Anbindung	nächster Bahnhof: Bremen, 3 km
	nächster Flughafen: Bremen, 12 km

Petra Heitkötter

Die Bremer Künstlerin Petra Heitkötter hat in Wien, Riga, Formentera, Ibiza, Bonn, Hamburg, Worpswede, Dresden, Kiel und Bremen in 38 Einzel- und zahlreichen Gruppenausstellungen ihre Arbeiten gezeigt.

Bekannt wurde sie außerdem durch ungewöhnliche Kunstspektakel und ihre künstlerisch gestalteten Apartments. In ihren Gastwohnungen gibt es ständig Ausstellungen. Man wohnt dort in einem gepflegten und besonderen Ambiente und kann sich an moderner Kunst erfreuen. Wenn es die Zeit der Künstlerin erlaubt, öffnet sie ihr Atelier für einen individuellen Besuch.

Tipps

Der Stadtteil Walle entwickelt sich zum Künstlerviertel mit vielen neuen Geschäften und Initiativen. In unmittelbarer Nähe des Kunstsalons liegt das Atelier der Künstlerin und GADEWE (Galerie des Westens), eine der spannendsten Galerien der Stadt, sowie die Kunsthochschule. Zwei herausragende Restaurants, das El Mundo und die Feuerwache, versprechen kulinarische Genüsse, und in den Kneipen Hard Backboard und Karo kann man wunderbar den Abend beschließen.

KÜNSTLERKATE

Es ist kaum zu glauben, was alles rund um die kleine Künstlerkate im 12-Häuser-Dorf Breetz zu erleben ist.

Malkurse in der gegenüberliegenden Galerie; Naturtourismusangebote wie Kanu-Touren, Biberbeobachtung, Vogelexkursionen im Biosphärenreservat Elbtalaue; Wellness-Angebote wie Massagen, Reiki, Psychologische Beratung, Hypnose, Kosmetik und medizinische Fußpflege im Ort, im Sommer im Pavillon am Ufer der Löcknitz.

Weitere Informationen

Historische Altstadtkerne in der Nähe; Schlösser, Burgen und Festungen zu besichtigen; Ludwigslust, Schwerin mit dem Staatlichen Museum (www.museum-schwerin.de); die Ostsee ist bei Wismar für Tagesausflüge gut zu erreichen.

Kontakt

Brigitte & Horst Oppenhäuser
Kastanienallee 13
D – 19309 Breetz
Telefon +49-(0)38792-50623
gitteopp@aol.com
www.nostalgie-ferien.de

Kategorie	Apartment/Ferienwohnung
Komfort	hoch****
Sprachen	Deutsch, Englisch, etwas Spanisch
Zimmer	2 Apartments für je 2 Personen, EUR 45/Tag, Energiekosten/Endreinigung: EUR 30
	1 Wohnstudio für 4 Personen, EUR 85/Tag, Energiekosten/Endreinigung: EUR 75
	1 Ferienhaus für 8 Personen, EUR 160/Tag, Energiekosten/Endreinigung: EUR 135
Verpflegung	Selbstverpflegung
Anbindung	nächster Bahnhof: Wittenberge, 25 km
	nächster Flughafen: Hamburg, 140 km

Brigitte & Horst Oppenhäuser

Durch das Grafikdesign-Studium und von Kindheit an großem Interesse an bildender und darstellender Kunst, sind wir eng mit Kunst und Kultur verbunden. Das Ferienhaus, die fast 200 Jahre alte Künstlerkate, ist nur mit Originalen, meist Landschaftsaquarelle und Akte, ausgestattet. Die Räume wurden sehr vorsichtig restauriert, alte Elemente nach Möglichkeit erhalten und die farbliche Gestaltung freundlich und künstlerisch ausgeführt.

Kunst ist ein sehr wichtiger Teil unseres Lebens. Im gegenüberliegenden Haus, einer alten Fachwerkschmiede, leben wir, dort betreiben wir ein Grafik-Design-Studio und eine kleine Galerie, in der neben eigenen Bildern auch die anderer Künstler ausgestellt werden. Der Gast findet neben der engen Beziehung zur Kunst auch eine sehr enge Verbindung zur Natur.

Sehr gerne unterhalten wir uns mit Gästen, erwärmen sie für die Schönheiten der Landschaft und der Kunst. Zu Gast waren bei uns schon Künstlerfamilien, die das zauberhafte Licht in den Wohnräumen genossen, Kammerorchester, welche die hervorragende Akustik der Wohndiele lobten, Drehbuchautoren, die das einzigartige Gefühl für das Besondere zu schätzen wussten und Politiker, die die Anonymität eines 20-Einwohner-Dorfes suchten. Man kann es nicht sehen, man kann es nicht riechen, aber fühlen: Hier herrscht ein ganz besonderes Gefühl der lebendigen Nähe zu der überwältigend schönen Natur.

Tipps

Bei uns: Malkurse, Trommel- und Tanzseminare, regionale Kunstausstellungen in einzigartigen Räumen

In der Nähe: regional typische Gastronomie mit natürlichen Produkten.

MITART BIOHOTEL

Das mitArt-Hotel befindet sich in der denkmalgeschützten und aufwändig sanierten Alten Militärdruckerei in der Linienstraße 139/140.

Auf insgesamt 3 Etagen, die alle über Fahrstuhl erreichbar sind, erwarten Sie 30 einzigartig gestaltete Zimmer (mit Dusche/WC), in denen spannende Wechselausstellungen internationaler Künstler stattfinden.

An das Hotel angeschlossen, finden Sie im Erdgeschoss ein Naturkost-Restaurant, das auch für die Öffentlichkeit seine Türen geöffnet hat. Hier, in gemütlicher und eleganter Atmosphäre, können die Gäste aus einem leckeren Speisen- und Getränke-Angebot aus kontrolliert-biologischem Anbau sowie einem umfangreichen Naturkost-Frühstücksbuffet auswählen.

Kontakt

Christiane Waszkowiak
Linienstraße 139/140
D – 10115 Berlin
Telefon +49-(0)30-2839043-0
Fax   +49-(0)30-2839043-2
info@mitart.de
www.mitart.de

Kategorie	Hotel
Komfort	einfach
Sprachen	Deutsch, Englisch
Zimmer	12 EZ, ab EUR 90/Übernachtung
	32 DZ, ab EUR 120/Übernachtung
	1 Familienzimmer, ab EUR 150/Übernachtung
	davon: 10 Raucher-, 35 Nichtraucherzimmer,
	6 Zimmer behindertengerecht, 3 Zimmer haben
	eine kleine Küche
Verpflegung	Ü, ÜF, HP auf Anfrage
	Café und Restaurant im Haus
Anbindung	nächster Bahnhof: Friedrichstraße, 0,6 km;
	Berlin Hauptbahnhof, 1,2 km
	nächster U-Bahnhof: Oranienburger Tor, 60 m
	nächster Flughafen: Berlin-Tegel, 8 km

Weitere Informationen

Entdecken Sie eine atemberaubende Metropole voller Abwechslung und Attraktionen mit einem pulsierenden Nachtleben, einzigartigen kulturellen Angeboten und einer jungen Kunstszene. Hier hat sich auch eine europaweit einmalige Museumslandschaft etabliert mit über 70 Museen und Sammlungen wie dem Bode-, Pergamon- oder Neuen Museum. Mit vielen öffentlichen Parks, wie beispielsweise dem Tiergarten, und begrünten Hinterhöfen präsentiert sich Berlin ungeahnt naturverbunden. Mit dem gut ausgebauten Verkehrsnetz oder einem gemieteten Fahrrad geht's noch dazu CO_2-arm durch die Stadt.

Christiane Waszkowiak

Die Geschichte des Hotels ist eng mit dem Wirken von Christiane Waszkowiak verbunden: Nach 20 Jahren als Galeristin in Berlin schuf sie 1995 nach dem Galerieumzug von Charlottenburg nach Mitte die ersten drei Gästezimmer für die ausstellenden Künstler in den Nebenräumen der Galerie. mitArt hat mittlerweile 45 Gästezimmer, die mit gesammelter Kunst aus 20 Jahren Galeriearbeit und manchmal auch mit Leihgaben befreundeter Künstler ausgestattet sind.

Die Kunst in den Zimmern wird nicht als Ausstattung betrachtet, sie soll zur Auseinandersetzung mit den Arbeiten anregen. Das mitArt-Hotel liegt im Herzen von Berlin. Als kultureller Ruhepol in der geschäftigen Mitte der Stadt kommt es ohne überflüssigen Luxus aus. Gäste werden nicht vom Fernseher oder Radio »berieselt«, sondern durch wechselnde Ausstellungen umliegender Galerien zu kulturellen Erfahrungen angeregt. Die berühmte Museumsinsel, Reichstag und Brandenburger Tor sind in wenigen

Tipps

Neben elf Wohnateliers sind im »Künstlerhaus am Acker« in der Ackerstraße 18 die Galerie Art Acker, das Antiquariat Wiederhold & Mink sowie die Töpferei Altenstein untergebracht.

Das KW Institute for Contemporary Art in Berlin versteht sich als Labor, das durch Ausstellungen, Künstlerateliers und Veranstaltungen die jüngsten Entwicklungen in der nationalen und internationalen zeitgenössischen Kultur vorstellt. Köstlich ergänzt durch das Café Bravo, das auch für Sonderveranstaltungen angemietet werden kann (Auguststraße 69, www.kw-berlin.de).

Individuelle Stadtführungen zu Fuß oder Stadtrundfahrten per Bus – erleben Sie das heutige Berlin und tauchen Sie ein in Geschichte, Kultur und Alltagsleben (www.ankefromme.de).

Minuten zu Fuß zu erreichen. Aber nicht nur an das Wohl der Gäste wird gedacht, auch an die Natur – von ökologischen Reinigungsmitteln über biologische Lebensmittel bis hin zu energiesparenden Maßnahmen. Ein kostenpflichtiger Parkplatz ist 5 Gehminuten entfernt. Alle Zimmer sind individuell eingerichtet und verfügen über Badezimmer mit Dusche und WC.

AKADEMIE FÜR MALEREI BERLIN

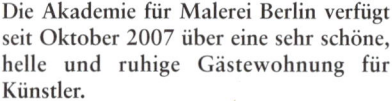

Die Akademie für Malerei Berlin verfügt seit Oktober 2007 über eine sehr schöne, helle und ruhige Gästewohnung für Künstler.

Sie bietet sich aufgrund ihrer zentralen Toplage als idealer Ausgangspunkt für Ihre Berlin-Entdeckungstouren an, der Zoologische Garten und die Kaiser-Wilhelm-Gedächtniskirche sind nur wenige Gehminuten entfernt, und die interessante Galerienszene der City-West ist bequem zu Fuß zu erreichen.

Kontakt

Ute Wöllmann
Hardenbergstraße 9
D – 10623 Berlin
Telefon +49-(0)30-45086100
a-f-m-b@web.de
www.a-f-m-b.de

Kategorie	Apartment/Ferienwohnung
Komfort	mittel
Sprachen	Deutsch, Englisch
Zimmer	EZ, ab EUR 25/Tag
	DZ, ab EUR 30/Tag
	komplettes Apartment: EUR 59/Tag für 1 Person,
	EUR 69/Tag für 2 Personen,
	EUR 74/Tag für 3 Personen
Verpflegung	Selbstverpflegung, Gemeinschaftsküche
Anbindung	nächster Bahnhof: Zoologischer Garten, 0,5 km
	nächster Flughafen: Berlin-Tegel, 7 km

Tipps

art:berlin veranstaltet informative Führungen und aktuelle Rundgänge durch die Kultur-, Kunst- und Stadtlandschaft Berlins. Die Themen sind u. a. Architektur, Kunst, Kultur, Mode, Literatur und Kulinarisches (www.artberlin-online.de).

Mit den Stadt- und Kulturführungen Berlin-Brandenburg der Cityangels (www.cityangel.de) erlebt man Gartenkunst & Landschaftsarchitektur, Böhmisches Dorf, Russische Kolonie und Holländisches Viertel und vieles mehr.

C/O Berlin ist das International Forum For Visual Dialogues (www.co-berlin.info, Oranienburger Straße 35/36).

Weitere Tipps:

- www.berlin-online.de
- www.artberlin-online.de
- www.zagreus.net
- www.diener-tattersall.de

Die Möglichkeit des künstlerischen Arbeitens an einem Staffeleiarbeitsplatz und flexiblen Arbeitstischen aus Böcken und Platten wissen nicht nur Gäste und Studenten der Akademie zu schätzen, sondern auch kunstpraktizierende Berlin-Gäste.

Zudem ist die Wohnung durch die eingebauten Hängeböden auch für Familien mit Kindern sehr attraktiv. Die Wohnung ist freundlich und hell eingerichtet. Die 45 m² große 2-Zimmer-Wohnung liegt im Seitenflügel in einem ruhigen Hinterhof, fernab vom Großstadtlärm.

Ute Wöllmann

Gastgeberin Ute Wöllmann war Meisterschülerin bei Georg Baselitz an der Hochschule der Künste Berlin und wurde für ihre Arbeiten mehrfach ausgezeichnet. Sie bietet an ihrer Akademie für Malerei Berlin ein privates berufsbegleitendes Kunststudium, das mit einer Urkunde abgeschlossen wird. Ziel ist es, eine eigene künstlerische, authentische und ausgereifte Arbeit zu entwickeln, die sich an den Maßstäben aktueller zeitgenössischer Kunst misst.

HOTEL BOGOTA

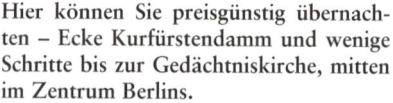

Hier können Sie preisgünstig übernachten – Ecke Kurfürstendamm und wenige Schritte bis zur Gedächtniskirche, mitten im Zentrum Berlins.

Hotel garni – nur Frühstück. Kalte und warme Getränke an der Rezeption, 24 Stunden geöffnet. Und dazu ganzjährig viele Kunst- und Kulturveranstaltungen.

Kontakt

Joachim Rissmann
Schlüterstraße 45
D – 10707 Berlin
Telefon +49-(0)30-8815001
info@hotel-bogota.de
www.hotel-bogota.de

Kategorie	Hotel
Komfort	einfach/mittel
Sprachen	Deutsch, Spanisch, Französisch, Englisch, Russisch, Chinesisch, Arabisch
Zimmer	32 EZ, ab EUR 40/51/66/Übernachtung – je nach Ausstattung
	81 DZ, ab EUR 64/74/89/Übernachtung – je nach Ausstattung
	Zustellbett: EUR 21/Übernachtung, Garage: EUR 10/Tag (Reservierung erforderlich), Anwohnervignette: EUR 5/Tag
	TV auf Anfrage, Bad/WC teilweise auf dem Gang
Verpflegung	ÜF
Anbindung	nächster Bahnhof: Zoologischer Garten, 1,2 km
	nächster Flughafen: Berlin-Tegel, 6 km

Weitere Informationen

Die »grüne« Hauptstadt bietet fast allen alles: Kaum ein Style, der sich hier nicht finden lässt, Museen von der Antike bis zur Gegenwart, alle Kontinente sind hier zuhause – entweder im Ethnologischen Museum, oder auch ganz lebendig in Berlin-Kreuzberg.

Unser Tipp: Entdecken Sie »Ihr« Berlin aus einer Vielzahl von Perspektiven, zum Beispiel per Schiff- oder Ballonfahrt oder mit dem Fahrrad.

Joachim Rissmann

Für Gastgeber Joachim Rissmann ist Fotografie eine »Amour Fou«, und das schöne alte Haus in der Schlüterstraße 45 ist wie dafür geschaffen, Kunst und Kultur einen passenden Rahmen zu geben. Zwischen 1935 bis 1938 hatte die Modefotografin YVA hier ihr Atelier; ihr berühmtester Schüler war Helmut Newton, der es zu Weltruhm brachte. Noch heute wird die Geschichte des Hauses liebevoll bewahrt, erzählt und weitergegeben.

Joachim Rissmann, selber leidenschaftlicher Fotograf, wurde die Liebe zur Kunst wohl in die Wiege gelegt. Die Eltern des Hoteliers legten den Grundstein zu einer beeindruckenden Sammlung von Bildern und Gemälden, die zu der gemütlichen und wohnlichen Atmosphäre des Hotel Bogota maßgeblich beitragen. Skupturen, zarte gregorianische Klänge, geschmackvolle Sitzecken und ein kleiner Garten laden zum Verweilen ein. Im Vordergrund des Designs steht für Joachim Rissmann das Prinzip »form follows function«.

In der wundervoll nostalgischen Umgebung bieten Fotoausstellungen, Swing-Abende (dienstags), Tango Milongas (sonntags) und Lesungen (bei fast immer freiem Eintritt) Hotelgästen und auch Berlinern die Möglichkeit, Kunst und

Tipps

Ab 1965 bis zur Wende befand sich in der Karl-Marx-Allee 36 der Kosmetiksalon Babette. Im Herbst 2003 eröffnete hier eine Bar, die seit Juli 2007 wieder den Namen Babette führt. Hier finden regelmäßig Ausstellungen vor allem Berliner Künstler und Kunstbuchpräsentationen statt (www.barbabette.com).

Kultur im ganz persönlichen Rahmen zu genießen.

Unter Fotografen ist das Hotel inzwischen ein »Geheimtipp«, der sich herumgesprochen hat: Wer aufmerksam die American Vogue liest, findet die »berühmte Telefonzelle«, im Playboy das »rote Sofa«. Rupert Everett bekennt dem »The Manipulator«: »It is my favourite hotel in the world«.

Nicht nur er, sondern jeder Gast hat hier das Gefühl, »zur Familie zu gehören«. Ein ganz besonders warmes »Willkommen« und das künstlerische Ambiente machen das Hotel zu einem Berliner Unikat. Kein Hotel von der Stange – sondern eines mit seiner eigenen ART.

PROPELLER ISLAND CITY LODGE

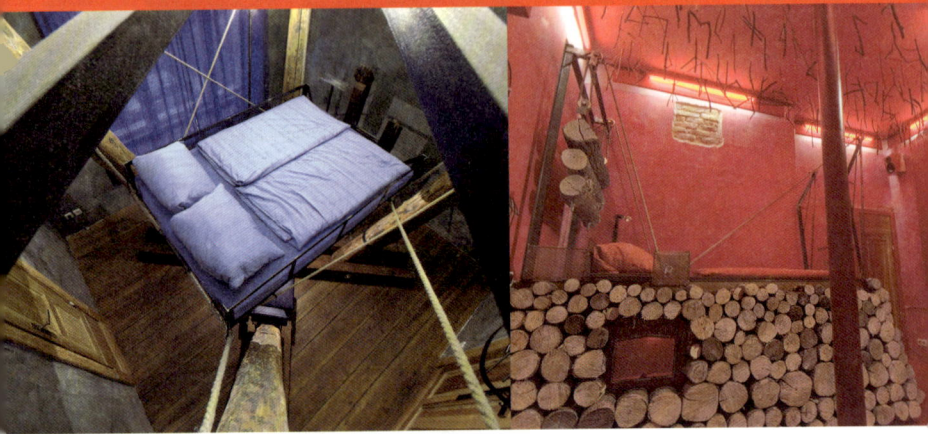

Propeller Island – das sind ästhetische Erfindungen für Augen und Ohren. Propeller Island, unter diesem Pseudonym veröffentlicht der deutsche Künstler Lars Stroschen seine audio-visuellen Konzeptionen. Uneingeschränkte Vielfältigkeit, nichts wiederholen und nichts kopieren ist dabei Intention.

Populärstes Ergebnis: die CITY LODGE, ein bewohnbares Kunstwerk in Berlin, dessen Ideenreichtum jeden in seinen Bann zu ziehen versteht und Gäste nachhaltig inspiriert. Ein Magnet für kreative Leute, Konsumverdrossene, Andersblicker, Philosophen und Perspektivsucher. Aufgesucht von Persönlichkeiten aus der ganzen Welt, ist diese Visionsmaschine auch gern gemietete Location bei Foto-Session und Video-Clip. Vielleicht kommen Ihnen die Zimmer deshalb so bekannt vor …

Kontakt

Lars Stroschen
Albrecht-Achilles-Straße 58
D – 10709 Berlin
Telefon +49-(0)30-8919016
www.propeller-island.de

Kategorie	Kunsthotel bzw. Museum mit Übernachtungsmöglichkeit
Komfort	einfach
Sprachen	Deutsch, Englisch, Spanisch, Russisch, Französisch
Zimmer	4 EZ, ab EUR 79/Übernachtung
	22 DZ, ab EUR 94/Übernachtung
	1 Suite, ab EUR 190/Übernachtung
Verpflegung	Ü, ÜF (Frühstück 7 Euro/Person)
Anbindung	nächster Bahnhof: Berlin Hbf., 8 km
	nächster Flughafen: Berlin-Tegel, 9 km

Tipps

Mit der Pinieche »Anny« kann man von ihrem Heimathafen in Berlin-Spandau Erholungstouren durch die Wassergebiete Brandenburgs, zur Müritz bis nach Lübeck oder Stettin unternehmen (www.pinieche-anny.de).

Der landesverband berliner galerien listet unter www.berliner-galerien.de aktuelle Ausstellungen auf.

Lars Stroschen

Propeller Island City Lodge ist ein privates Projekt. Dahinter steht der Berliner Künstler Lars Stroschen, der schon 1997 mit 4 Gästezimmern seine musikalischen Projekte und sein Tonstudio finanziell unterstützen wollte. Innerhalb kurzer Zeit wurden die ersten Zimmer so populär, dass Lars Stroschen sich entschied zu expandieren und Personal einzustellen. Dadurch hatte er wieder Zeit für seine Musik.

Im Juni 2001 waren dann nach Ausbau einer ehemaligen Pension in einem Berliner Altbau neue Zimmer auf zwei Etagen fertig, gefolgt von weiteren Zimmern in der 3. Etage im August 2002.

Alle Möbel und Wohnobjekte wurden von Lars Stroschen entworfen und gebaut. Er hat auch tatkräftig an der Gestaltung der Wände und am Umbau der Räume mitgearbeitet.

Propeller Island City Lodge ist nun zu einem Museum bzw. Kunstobjekt mit Übernachtungsmöglichkeit geworden. Unsere Gäste verzichten auf Fernseher und Minibar auf den Zimmern und lassen sich gern auf ein Abenteuer ein. In den Zimmern kann man Musik und Klangskulpturen von Lars Stroschen sowie Naturgeräusche, die er auf seinen Reisen aufgenommen hat, hören. Zusammen mit dem Design der Zimmer entsteht somit eine ganz andere Welt.

ÜBERNACHTEN IN KETTWIG
KUNST- UND KULTURVEREIN KETTWIG

Im Haus befindet sich die Galerie Schütte. Die Galerie zeigt zeitgenössische Kunst mit dem Schwerpunkt konzeptioneller Malerei und Fotografie.

Fotos: Sebastian Fehlings

Kontakt

Bärbel & Gerd Schütte
Hauptstraße 4
D – 45219 Essen-Kettwig
Telefon +49-(0)2054-9695676
         +49-(0)2054-871753
info@uebernachten-in-kettwig.de
info@kukvk.de
www.uebernachten-in-kettwig.de
www.kukvk.de
www.galerie-schuette.de

Kategorie	Apartment/Ferienwohnung
Komfort	hoch
Sprachen	Deutsch, Englisch
Zimmer	1 DZ, EUR 60/Tag für 2 Personen
	2 Suiten (max. 4 Personen möglich),
	EUR 70 – 80/Tag für 2 Personen,
	Aufpreis für 3. + 4. Person jeweils EUR 20/Tag
	weitere Kosten: EUR 10/Tag Zuschlag bei weniger als 3 Übernachtungen, EUR 20/Tag Zuschlag bei Messen
	öffentliche Parkplätze vor dem Haus bzw. in unmittelbarer Nähe
Verpflegung	Selbstverpflegung
	3 Cafés innerhalb von 100 – 300 m bieten Frühstück ab 5.30 Uhr an
Anbindung	nächster Bahnhof: Essen-Kettwig, 0,5 km
	nächster Flughafen: Düsseldorf, 20 km

Weitere Informationen

Gelegen ist die Unterkunft zentral am Ortseingang von Kettwig in Ruhr-Nähe; alle sportlichen und kulturellen Möglichkeiten innerhalb von 20 km in Essen und Düsseldorf.

Bärbel & Gerd Schütte

Ein kleines Apartment mit Kitchenette, Duschbad und großer Balkonterrasse wollten wir ursprünglich für Künstler unserer Galerie als Übernachtungsmöglichkeit schaffen. Das sprach sich aber durch Mundpropaganda und Website sehr schnell herum, so dass wir auch die Wohnung im Dachgeschoss in zwei Suiten mit jeweils zwei Zimmern und eigenem Duschbad aufgeteilt und mit Antiquitäten und Kunst von Künstlern der Galerie ausgestattet haben.

Kunst- und kulturinteressierte Gäste, aber auch Geschäftsleute und Messebesucher nutzen gerne unser komfortables Apartment und die beiden Suiten als Ausgangspunkt für Galeriebesuche, Besichti-

Foto: Matthias Duschner/Stiftung Zollverein

gungen des gesamten Ruhrgebietes und für Messebesuche. Die Messen Essen und Düsseldorf sind mit dem Auto, Bus oder Bahn in 20 bis 30 Minuten zu erreichen. Gerne geben wir Kulturtipps.

HOTEL CHELSEA

Inzwischen haben viele Hotels die Kunst entdeckt und vermarkten sich als »Art-Hotels«. Das Chelsea zeigt Kunst nicht zur Dekoration, sondern nur Arbeiten von Künstlern, die diesem verbunden sind, u. a. von Martin Kippenberger, Albert und Markus Oehlen, Günther Förg, A. R. Penck, Georg Herold und Rosemarie Trockel.

Kontakt

Dr. Werner Peters
Jülicher Straße 1
D – 50674 Köln
Telefon +49-(0)221-207150
mail@hotel-chelsea.de
www.hotel-chelsea.de

Kategorie	Hotel
Komfort	mittel
Sprachen	Deutsch, Englisch, Französisch, Spanisch
Zimmer	35 EZ und DZ, EZ ab EUR 74,80/Übernachtung, DZ ab EUR 95,78/Übernachtung
	3 Suiten, ab EUR 194,90/Übernachtung
	Zimmer zum Teil mit Kitchenette/Kühlschrank und Balkon/Terrasse
Verpflegung	Ü, ÜF
	Café, Bar und Restaurant im Haus
Anbindung	nächster Bahnhof: Köln, 2 km
	nächster Flughafen: Köln/Bonn, 17 km

Dr. Werner Peters

Martin Kippenberger gab den Anstoß zum Austausch von Logis gegen Kunst. Dr. Werner Peters: »Seit 1985 kam Martin regelmäßig ins Café Central und lernte das dazugehörige Hotel kennen. Im Sommer 1986 begann er, das Chelsea Hotel zu seiner Residenz zu machen. Er gab generös großformatige Bilder aus seiner Sammlung (nicht nur eigene) zum Schmuck der Zimmer zur Verrechnung und schuf zusammen mit mir als Hotelier den Prototypen des inzwischen mehrfach kopierten Künstlerhotels. Das Chelsea blieb von da an seine bevorzugte Adresse in Köln, nicht nur bei Gelegenheit, sondern oft über viele Monate.

Die berühmte »Wette: Kippi« kam während der Fußballweltmeisterschaft 1986 ins Café Central. Er hatte damals sein Atelier um die Ecke in der Lindenstraße, gleich hinter Karlas Kiosk. Er kam und sagte: »Patriotismus zahlt sich doch aus! Ich habe heute 500 DM frei Saufen im Broadway und 500 DM frei Essen im Chins gewonnen, weil ich auf Deutschland gesetzt habe.« Er fragte, ob ich nicht auch mit ihm wetten wollte auf das nächste Spiel, eine Zeichnung im Wert von 1.000 DM gegen eine Woche im Doppelzimmer mit Frühstück ans Bett und allem Pipapo. Ich habe diese Wette verloren, und am nächsten Tag stand er mit seinem Köfferchen vor der Tür. Und als die Woche um war, bemerkte er, es sei sehr schön hier bei mir, und da er vorhabe, im Herbst nach Teneriffa zu gehen, könne er eigentlich seine Wohnung aufgeben und hier bei mir gegen Kunst wohnen. So hat die Symbiose zwischen Hotelier und Künstler begonnen, aus der dann die Legende Chelsea Hotel in Köln entstanden ist.

Tipps

Kostenloser Besuch der Filmvorstellungen des Filmclub 813 für Gäste des Chelsea (www.filmclub813.de)

Museum Ludwig (www.museumludwig.de)

Kölnischer Kunstverein (www.koelnischerkunstverein.de)

Bühnen der Stadt Köln (www.buehnenkoeln.de)

Neben Kulturgeschichtlichem bietet inside Cologne auch ein Stadtführungs-Programm »Kunst, Kitsch und Kurioses in der Kölner City« (Tel. +49-(0)221-521977, www.insidecologne.de)

Abhängen kann man, nicht nur zu Kunstmessezeiten, art-gerecht in »die kunstbar« am Chargesheimerplatz 1 (zwischen Dom und Hauptbahnhof, www.diekunstbar.com)

Seit dem Umbau im Jahre 2001 präsentiert sich auch das Äußere des Chelsea Hotels als Kunstwerk. Auf den schlichten Baukörper aus den 60er Jahren wurde ein spektakuläres Dach in dekonstruktivistischer Architektur gesetzt. Es wirkt wie eine Skulptur auf einem Sockel, der Künstler Günther Förg hat dafür die Farbgestaltung konzipiert. Die schräge Architektur schafft ungewöhnliche, spannende Räumlichkeiten mit weiten Ausblicken aus den deckenhohen, weit auskragenden Fenstern. Die Konstruktion kulminiert in der kunstvoll verschachtelten zweistöckigen Martin-Kippenberg-Suite mit einem kühn über die Fassade hinausragenden verglasten Treppenaufgang.

KÜNSTLERHAUS
IM MALERWINKEL HOTEL

Das Haus ist ein denkmalgeschütztes Fachwerkensemble in Bergisch Gladbach-Bensberg, zentral gelegen mit besonderem Flair und individueller Note. Die Zimmer bieten ein breites Spektrum von künstlerisch inspiriert bis hin zu behaglicher Innenausstattung.

Hotel Garni, Kooperationshotel der Wellness-Oase »Mediterana«. Kosmetische und entspannende Anwendungen im Hotel möglich.

Kontakt

Renate Krämer-Thurau
Burggraben 6
D – 51429 Bergisch Gladbach-Bensberg
Telefon +49-(0)2204-95040
info@malerwinkel-hotel.de
www.malerwinkel-hotel.de

Kategorie	Hotel
Komfort	hoch
Sprachen	Deutsch, Englisch
Zimmer	11 EZ, ab EUR 98/Person
	20 DZ, ab EUR 74,50/Person
	2 Suiten, ab EUR 124,50/Person
	1 Familienzimmer, ab EUR 67/Person
	6 Apartments Galeriehaus,
	ab EUR 900/Raum und Monat
	1 Kind bis 12 Jahre kostenfrei im Elternzimmer
	zzgl. Frühstück
Verpflegung	ÜF
	Frühstück für Hotelgäste inkl., Galeriehaus ohne
	Verpflegung
Anbindung	nächster Bahnhof: Bergisch Gladbach, 5 km
	nächster Flughafen: Köln/Bonn, 13 km

Fotos: Christoph Pforr

Weitere Informationen

Wer den Sehenswürdigkeiten im Rheinisch-Bergischen Kreis, den Naturschönheiten und der typisch bergischen Lebensart hautnah »auf den Zahn fühlen« will, findet ein breit gestreutes Angebot vor, zum Beispiel:

- Altenberger Dom (Odenthal)
- Bergbau- und Handwerks-Museum (Bensberg)
- Papiermühle Alte Dombach (Bergisch Gladbach)
- Schloss Burg (Solingen)

Tipps

Köln, nur 20 Auotominuten entfernt, ist eine wahre Fundgrube an alter wie neuer Kunst. Das Museum Ludwig, das Römisch-Germanische Museum, das Wallraff-Richartz-Museum oder das Schnütgen Museum sind nur die berühmtesten einer langen Reihe von spektakulären Sammlungen, deren Spektrum von mittelalterlichen Malerschulen bis zur Hoch- sowie Postmoderne hinreicht.

Zahlreiche gastronomische Angebote von bergisch-rustikal bis Sterneküche finden sich in fußläufiger Nachbarschaft zum Hotel.

Renate Krämer-Thurau

Hotelchefin Renate Krämer-Thurau liebt Kunst. Darum entschied sie sich, dem 2005 entstandenen Neubau ganz dem Thema Kunst zu widmen.

Im »Künstlerhaus«, einem Teil des Ensembles, steht jedes Zimmer unter einem Künstler-Motto. Die Räume sind eine Hommage an Max Ernst, Pablo Picasso, Henri Matisse, Albrecht Dürer, Joseph Beuys, Joan Miró, Roy Lichtenstein und Leonardo da Vinci. Seit vier Jahren veranstaltet das Hotel zweimal jährlich in Kooperation mit der Bensberger Künstlergemeinschaft »Atelierhaus 24« wechselnde Ausstellungen.

ARTFARM
HOTEL & RESTAURANT

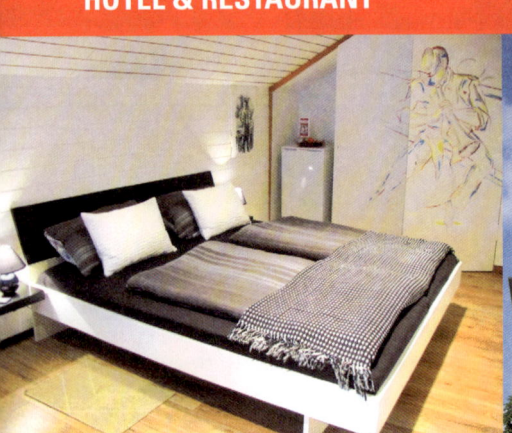

Wir leben Kultur – mit Live-Konzerten, Kunstausstellungen, Lesungen und Eventgastronomie.

Unser ungarischer Koch verwöhnt mit kulinarischen Leckerbissen aus der K&K-Monarchie.
Im Restaurantbereich befindet sich eine kleine Bühne mit professioneller Licht- und Tonanlage, im Nebenraum eine kleinere Bühne sowie eine Kinoleinwand.

Kontakt

Stefan Rothmann
Drabenderhöher Straße 2
D – 51674 Wiehl
Telefon +49-(0)2262-729720
info@art-farm.de
www.art-farm.de

Kategorie	Hotel
Komfort	mittel
Sprachen	Deutsch, Englisch, Ungarisch
Zimmer	4 EZ, EUR 69/Übernachtung inkl. Frühstück
	4 DZ, EUR 79/Übernachtung inkl. Frühstück
	1 Apartement, EUR 89/Übernachtung
	(für bis zu 4 Peronen) inkl. Frühstück
Verpflegung	Ü, ÜF, HP, VP
	Café, Bar und Restaurant im Haus
Anbindung	nächster Bahnhof: Engelskirchen-Ründeroth, 9 km
	nächster Flughafen: Köln/Bonn, 48 km

Stefan Rothmann (links) und das Team der artFarm

Stefan Rothmann

Durch sein Hobby hat der Inhaber die Idee gehabt, eine Kneipe mit Küche und »Kwartier« für und mit Künstlern zu errichten. Selber Musiker und Maler, hat er mit seinem internationalen Netzwerk über die letzten 20 Jahre viele Maler und Musiker kennengelernt.

Einige Künstler hiervon standen und stehen Pate für die Gestaltung und Namensgebung der einzelnen Zimmer. Fünf Doppelzimmer wurden gestaltet von dem Sänger Benjamin Rose, Rami Jaffee, dem Keyborder der Foo Fighters, Thorsten Wingenfelder (Fury in the Slaughterhouse), dem englischen Maler Colin Gabbidon und Dale Fisher, einem amerikanischen Sänger und Songwriter. Drei weitere Premium-Zimmer sind in Arbeit.

Des Weiteren besitzt die artfarm drei Ateliers, ein Foto- und Filmstudio, ein weiteres des Künstlers und Objektgestalters Rüdiger Zell sowie die Werkstatt (Handtaschen, Schmuck, Skulpturen) von Anna Rothmann Art. Auf drei großzügigen Fluren finden Ausstellungen statt.

Tipps

Gelegen inmitten des Oberbergischen Kreises in der »Naturpark-Arena« Oberberg.

Schloss Homburg, ca. 8 km

Römerweg, ca. 1 km

Freilichtmuseum Lindler, ca. 17 km

Golfplätze: Much, ca. 5 km; Gummersbach-Eckenhagen, ca. 25 km

ARTGENOSSEN GMBH

Genießen Sie die einzigartige Atmosphäre unseres Designhotels im denkmalgeschützten Jugendstilhaus und die individuelle Betreuung.

Finden Sie Ihr Lieblingszimmer unter unseren 14 Originalkunstwerken und genießen Sie Ihren Aufenthalt in unserem Arthotel, dem Kunsthotel der besonderen Art im Bergischen Land.

An jedem letzten Sonntag im Monat heißt es »KünstlerInnen bitten zu Tisch«. Die ausstellenden Künstler gestalten mit der »artgenössischen Vernissage« einen Abend für die Gäste, und wir bereiten die Speisen dazu. So entstehen ganz neue Anknüpfungsmöglichkeiten und eine ausgesprochen kunstzugewandte Atmosphäre. Darüber hinaus veranstalten wir Konzerte, Kabarettabende, Workshops und Kochevents, z. B. Kochen im Team.

Kontakt

Ursula Neumann
Pollerhofstraße 35-37
D – 51789 Lindlar
Telefon +49-(0)2266-901280
info@artgenossen-gmbh.de
www.artgenossen-gmbh.de

Kategorie	Hotel
Komfort	mittel***
Sprachen	Deutsch, Englisch, Französisch
Zimmer	1 EZ, ab EUR 55/Übernachtung
	13 DZ, ab EUR 72/Übernachtung
	1 Apartment nach Anfrage und Verfügbarkeit
	Frühstück EUR 8/Person
Verpflegung	ÜF
	Café, Bar und Restaurant im Haus
Anbindung	nächster Bahnhof: Engelskirchen, 5 km
	nächster Flughafen: Köln/Bonn, 30 km

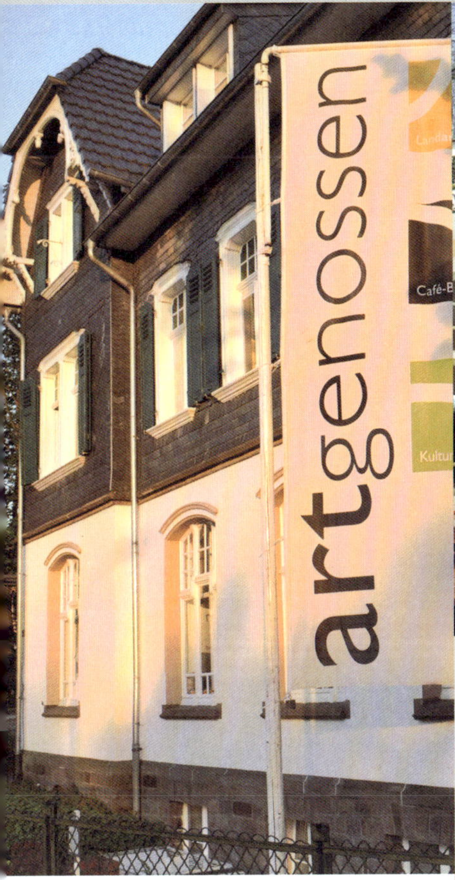

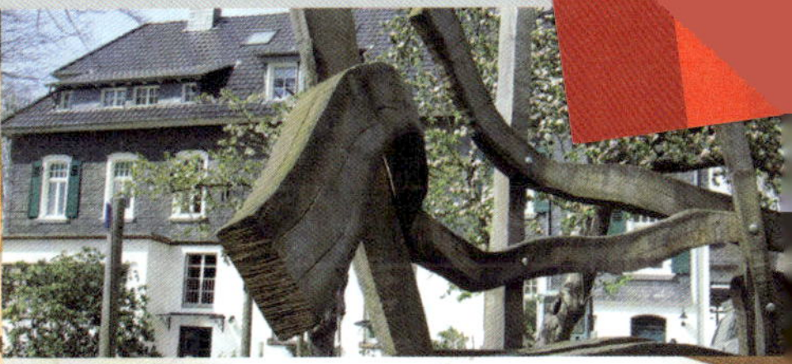

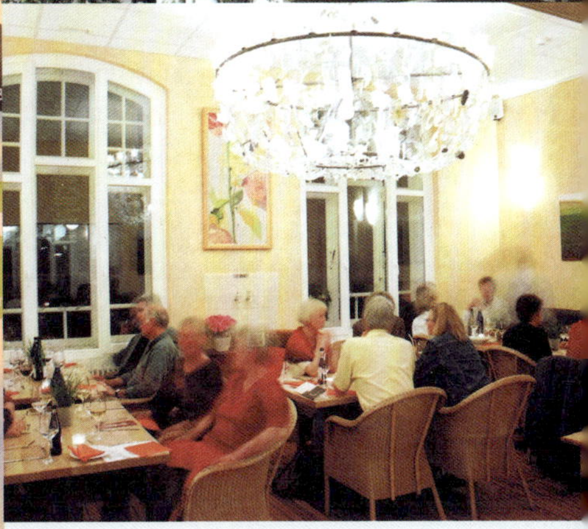

Tipps

Papiermuseum Alte Dombach in Bergisch Gladbach (www.papiermuehle-alte-dombach.de)

Ambitionierte französisch-mediterrane Küche mit interessanter Weinkarte im eigenen Haus

Foto: Werner Kubny, Lindlar

Weitere Informationen

Das Bergische Land bietet vielfältige Wandermöglichkeiten und ist mit seinen Hügeln auch ein schönes Radsportgebiet. Durch die Nähe zu Köln, Bonn und Düsseldorf kann auch das großstädtische Kulturangebot genutzt werden

Ursula Neumann & Sébastien Guesnet

Kunst ist eine Bereicherung für das Leben und gehört zu unseren Grundbedürfnissen. Wir möchten mit unserem Projekt Kunst und Genuss miteinander in Dialog bringen. Kunst im alltäglichen Umfeld erlebbar zu machen, ist unser Ziel.

Die Hotelzimmer sind begehbare Kunstwerke, und im Restaurant wechseln wir monatlich die Ausstellung.

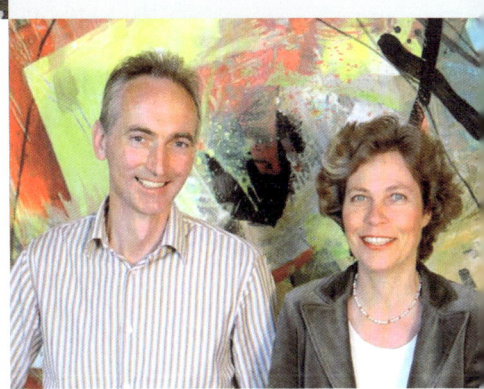

FERIENWOHNUNG AM GOETHEHAUS

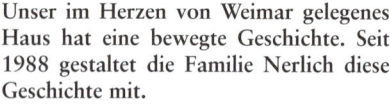

Unser im Herzen von Weimar gelegenes Haus hat eine bewegte Geschichte. Seit 1988 gestaltet die Familie Nerlich diese Geschichte mit.

Nicht nur zur umfangreichen und auch amüsanten Historie des Hauses, die mit dem Hofkoch von Anna Amalia, François René Le Goullon, beginnt, und über Felix Mendelssohn Bartholdy und Johann Wolfgang von Goethe reicht, können wir Ihnen vor Ort gern mehr berichten.

Kontakt

Luise Nerlich
Ackerwand 9
D – 99423 Weimar
Telefon +49-(0)3643-4920895
mail@weimar-kultur.de
www.weimar-kultur.de

Kategorie	Apartment/Ferienwohnung
Komfort	mittel
Sprachen	Deutsch, Englisch
Zimmer	Ferienwohnung mit 2 Zimmern, Küche und Bad
	Wohnung am Wochenende: EUR 65/Tag
	Wohnung in der Woche: EUR 60/Tag
	Aufbettung ist möglich: EUR 20/Tag
	Endreinigung: EUR 25
Verpflegung	Selbstverpflegung
Anbindung	nächster Bahnhof: Weimar, 2 km
	nächster Flughafen: Erfurt, 25 km

Fotos: werrmannnerlich architektur|gestaltung

Im gesamten Haus wohnen außer unseren Gästen noch zwei Familien. Das Architekturbüro werrmannnerlich, die Galerie Kunstraum und das Atelier Nerlich füllen das Haus mit kreativer Arbeit. Gern bieten wir Ihnen Einblicke an. So können Sie unter anderem die Galerie jederzeit auf Anfrage besichtigen.

Tipps
Bauhaus-Universität Weimar
(z. B. Bauhaus-Spaziergang unter:
www.uniweimar.de/cms/index.php?id=4665)
Weimarer Mal- und Zeichenschule
(www.malschule-weimar.de)

Weitere Informationen
Durch die zahlreichen Klassikerstätten und moderne Museen, Galerien und Baudenkmäler sowie Kulturstätten (Theater, Studenten- und Alternativ-Kultur) ist Weimar das bedeutendste Ziel für Städtetourismus in Thüringen.

Luise Nerlich
In unserem traditionsreichen Haus wird und wurde nicht nur gewohnt, sondern auch gearbeitet. Dabei treffen Künstler, Architekten, Fotografen und Gestalter aufeinander und bringen seit der Komplettsanierung im Jahr 2004 wieder Leben in dieses interessante Haus.

Im Erdgeschoss finden Sie neben den Ateliers von Prof. Nerlich auch die Galerie Kunstraum, in der regelmäßig Ausstellungen stattfinden. Im Obergeschoss erarbeiten die Architekten von werrmannnerlich architektur|gestaltung Konzepte für ein neues Bauen.

Der bis zur Seifengasse, und damit bis ans Goethehaus reichende, Garten bildet ein heimliches Idyll im Zentrum von Weimar und eine Ausnahme in der sonst dicht bebauten Struktur um den Frauenplan. Dieser Garten, der nach dem Vorbild des Gartens von Christiane Vulpius angelegt ist, steht Ihnen zur Verfügung. Tische und Stuhlgruppen laden zum Verweilen oder Lesen ein.

PENSION KÄUBLER

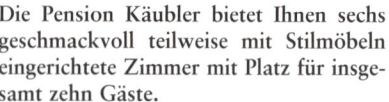

Die Pension Käubler bietet Ihnen sechs geschmackvoll teilweise mit Stilmöbeln eingerichtete Zimmer mit Platz für insgesamt zehn Gäste.

Entspannen Sie sich in der wohltuenden Atmosphäre des ehemaligen Künstlerhauses, sei es nach einer ausgedehnten Stadtbesichtigung oder einem langen Arbeitstag. Sie blicken auf grüne Gärten, eine Ahornallee und liebevoll restaurierte Häuser der Architektur des beginnenden 20. Jahrhunderts.
Die Pension Käubler ist bekannt für das individuell zubereitete Frühstück an einer gemeinsamen großen Frühstückstafel.

Kontakt

Petra Käubler & Dr. Lutz Käubler
Zeunerstraße 72
D – 01069 Dresden
Telefon +49-(0)351-4713184
pension.kaeubler@t-online.de
www.pension-kaeubler.de

Kategorie	Pension
Komfort	mittel
Sprachen	Deutsch, Englisch, Russisch
Zimmer	2 EZ, EUR 42 bzw. EUR 54/Person
	4 DZ, EUR 38/Person
Verpflegung	ÜF
Anbindung	nächster Bahnhof: Dresden, 1 km
	nächster Flughafen: Dresden, 10 km

Weitere Informationen

Die Kunst- und Kulturstadt Dresden verfügt über zahlreiche Museen und Galerien. Dresden hat eine sehr schöne Umgebung (Meißen, Pirna, Moritzburg, viele Schlösser und Burgen, Sächsische Schweiz).

Petra Käubler & Dr. Lutz Käubler

Lutz Käubler ist der Urenkel des Dresdner Malers Paul Poetzsch (1858 – 1936), einem der bekanntesten Dresdner Maler seiner Zeit.

Familie Käubler betreibt im jetzigen »Paul-Poetzsch-Haus« eine Pension. Das mit Jugendstilelementen ausgestattete Wohnhaus des Malers wurde von diesem 1906 erworben und war immer in Familienhand. Alle Generationen haben sich bemüht, die ursprüngliche und besondere Atmosphäre zu erhalten. Das Haus wird geprägt von den Ölgemälden des Malers, aber auch von Werken seiner Künstlerfreunde Ernst Heider und Moritz Heidel. Ehepaar Käubler ist erfreut, wenn Gäste sich für die Poetzsch-Bilder im Besonderen und die Dresdner Kunst im Allgemeinen interessieren.

Tipps

riesa efau, das Kultur Forum Dresden, ist immer wieder für spannende Veranstaltungen und Impulse gut (www.riesa-efau.de). Der Verein versteht sich als Ort für die schöpferische Auseinandersetzung mit Fragen der Interaktion von Kunst und Gesellschaft.

geh8 Kunstraum und Ateliers e.V. besteht seit 2007 in einem ehemaligen Wagenausbesserungswerk der Deutschen Bahn in Dresden. Neben einer Vielzahl von Ateliers ist die etwa 300 m² große ehemalige Werkhalle das Zentrum der Anlage, welches ausschließlich für das Ausstellungsprogramm und kulturelle Veranstaltungen genutzt wird (Gehestraße 8, www.geh8.de).

Der Sächsische Künstlerbund – Landesverband Bildende Kunst ist die einzige Landesvereinigung im Bereich der bildenden Kunst. Auf dessen Homepage www.saechsischer-kuenstlerbund.de finden sich aktuelle Ausstellungs- und andere Kunsthinweise.

Das Deutsche Hygiene-Museum ist einen Besuch wert (www.dhmd.de).

Über aktuelle Veranstaltungen des Forum Tiberius – Internationales Forum für Kultur und Wirtschaft informiert man sich auf www.forum-tiberius.org.

MEISTERZIMMER
PENSION IN DER LEIPZIGER BAUMWOLLSPINNEREI

Inmitten von Ateliers, kleinen Werkstätten und Galerien, zwischen dem LURU-Kino und dem Café Versorgung gelegen, bieten die beiden Meisterzimmer Spinnerei- und Leipzig-Besuchern großzügige Unterkunft. Sie haben die Wahl: Meisterzimmer 60 oder Meisterzimmer 116.

Wie alles auf dem Gelände strahlt das Meisterzimmer 116 (m²) den Charme des kreativ Unvollkommenen aus. Der ehemalige Frauenwaschraum wird als Küche genutzt, fabrikeigene Rollwagen können als Betten umhergeschoben werden, die Mini-Bibliothek bietet eine Auswahl von Katalogen Leipziger Künstler. In 2,50 m Höhe befindet sich eine Einsiedlerhütte (eine weitere, bisher unbekannte Kopie von Goethes Gartenhaus), in der man nach der Lektüre philosophischer Schriften auf einem schmalen Bett nächtigen kann.

Kontakt

Manfred Mülhaupt
Spinnereistraße 7
D – 04179 Leipzig
Telefon +49-(0)3641-295688
Mobil +49-(0)178-3744465
pension@meisterzimmer.de
www.meisterzimmer.de

Kategorie	Apartment/Ferienwohnung
Komfort	einfach/mittel
Sprachen	Deutsch, Englisch
Zimmer	Sechs-Bett-Zimmer (Meisterzimmer 116),
	EUR 80 für 2 Personen – EUR 160 für 6 Personen
	Vier-Bett-Zimmer (Meisterzimmer 60),
	EUR 60 für 2 Personen – EUR 100 für 4 Personen
	Endreinigung EUR 25
Verpflegung	Selbstverpflegung
	Café und Restaurant auf dem Gelände
Anbindung	nächster Bahnhof: Leipzig-Plagwitz, ca. 1 km
	nächster Flughafen: Leipzig-Schkeuditz, 20 km

Im neuen Meisterzimmer 60 dreht sich alles um das Leben in und mit der Kunst. In der bewohnbaren Installation ist neben dem Schreibtisch für Kreative auch für Meisterköche gesorgt. In der gut eingerichteten Küche lassen sich allerlei Leckereien zaubern, und sollten überraschend ziemlich viele Gäste auftauchen, lassen sie sich an der großen Tafel komfortabel bewirten.

Weitere Informationen

Die Leipziger Baumwollspinnerei liegt im Stadtteil Neu-Lindenau knapp 5 km vom Zentrum entfernt. Innerhalb von 5 bzw. 10 Minuten können S-Bahn, Bus und Straßenbahn erreicht werden. Ein Einkaufszentrum und der Karl-Heine-Kanal mit Café und Bootsverleih liegen in unmittelbarer Nähe. Auf dem Gelände befinden sich zahlreiche Werkstätten, Büros, Ateliers, Veranstaltungs- und Ausstellungsräume. Im »Café Mule« kann man wunderbar Kulinarisches genießen oder im großen Garten entspannen. Und einen kleinen Laden gibt es auch.

Manfred Mülhaupt

Persönlich sollte es sein, für Leute die sich gerne auf etwas einlassen – denn hier lebt man mit der Kunst. Begonnen hat alles im April 1994, als ich mit Freunden nach Leipzig kam und dort auf dem Gelände der »Baumwollspinnerei« ein Atelier bezog. Über die Jahre haben wir es liebevoll ausgebaut, und als ich 2008 als Letzter auszog, wollten wir es nicht ganz aufgeben. Hier waren immer Freunde, andere Künstler und Gäste zu Besuch – die Erinnerungen an viele schöne Erlebnisse sind mit dem Raum verbunden. Es lag nahe, hier ein Gästezimmer einzurichten, auch für uns selbst.

Tipps

Spinnerei:
- Leipziger Baumwollspinnerei (Spinnereistraße 7, www.spinnerei.de)

Fahrrad:
- Rotor Bikes (Spinnereistraße 7, Tel. +49-(0)341-463877, www.rotorbikes.com)

Boot:
- Bootsverleih Herold (Antonienstraße 2, Tel. +49-(0)341-4011059 www.bootsbau-herold.de)

Kultur gegenüber:
- Schaubühne Lindenfels (Karl-Heine-Straße 50, www.schaubuehne.com)

In der Stadt:
- Thomaskirche (Thomaskirchhof 18, www.thomaskirche.org)
- Nikolaikirche (Nikolaikirchhof 3, www.nikolaikirche.de)
- Oper Leipzig (Augustusplatz 12, Tel. +49-(0)341-1261-261, www.oper-leipzig.de)
- Gewandhaus zu Leipzig (Augustusplatz 8, Tel. +49-(0)341-1270–318, www.gewandhaus.de)

Ich selbst hatte immer eng mit Kunst zu tun: Nach dem Studium der Malerei in Freiburg zog ich nach Leipzig und betreue heute als Webdesigner vor allem die Online-Auftritte von Kunst- und Kulturinstitutionen.

GALERIE HOTEL LEIPZIGER HOF

Der Leipziger Hof liegt ruhig und zentral in einem Zone-30-Wohngebiet und ist eines der schönen, alten (1886), denkmalgeschützten Häuser in Leipzigs Gründerzeitviertel.

Von hier aus erreichen Sie bequem alle wichtigen geschäftlichen und kulturellen Zentren der Stadt – zu Fuß, mit dem Wagen oder mit öffentlichen Verkehrsmitteln.

Kontakt

Prof. Dr. Klaus Eberhard
Hedwigstraße 1-3
04315 Leipzig
Telefon +49-(0)341-69740
info@leipziger-hof.de
www.leipziger-hof.de

Kategorie	Hotel (Kunsthotel mit eigener Galerie)
Komfort	hoch****
Sprachen	Deutsch, Englisch
Zimmer	36 EZ, ab EUR 57/Übernachtung
	32 DZ, ab EUR 74/Übernachtung
	5 Suiten, ab EUR 94/Übernachtung
	5 Familienzimmer, ab EUR 102/Übernachtung
Verpflegung	ÜF, HP und VP auf Anfrage
	Café, Bar und Restaurant im Haus
Anbindung	nächster Bahnhof: Leipzig Hbf., 1,3 km
	nächster Flughafen: Leipzig-Schkeuditz, 18 km

Fotos: Galerie Hotel Leipziger Hof.

Weitere Informationen

Kunst und Kultur sind mit Leipzig sehr eng verbunden. Zahlreiche Künstler und Meisterschüler der Leipziger Hochschule für Grafik und Buchkunst sorgen heute weltweit für Furore.

Prof. Dr. Klaus Eberhard

»Hier schlafen Sie mit einem Original« – die Sammlung des Leipziger Hofs nimmt unter den Privatsammlungen deutscher Kunst des 20. Jahrhunderts mit seinen über 350 Bildern einen besonderen Platz ein, da sich zahlreiche Hauptwerke der Malerei der »Leipziger & Neuen Leipziger Schule«, insbesondere aus der Zeit der Wende, darin befinden.

In fast kompletter Geschlossenheit präsentiert die Sammlung Leipziger Malerei der letzten 30 Jahre. Zudem ist sie ein zeitgeschichtliches Dokument dieser kurzen, eruptiven Phase junger deutscher Geschichte, der Wendezeit.

Diese Sammlung trug der Münchner Physikprofessor und Eigentümer des Hotels, Dr. Klaus Eberhard, in den Jahren von 1990 bis heute zusammen.

Trotz der Hängung in einem Hotel hat sich der intime, private Charakter der Sammlung erhalten. Wohl auch, weil Eberhard nie »en bloc« erwarb und einzig ästhetische Aspekte und die Qualität der Exponate – oft rückversichert durch das Urteil befreundeter Kunsthistoriker – Hauptmerkmale der Sammlung waren und sind. Dieser persönliche Bezug und die direkte finanzielle und ideelle Förderung von Leipziger Künstlern, die in den ersten Nach-Wende-Jahren nur schwer Zugang zum neuen Kunstmarkt fanden, lassen Eberhard heute auch als Mäzen der Kunst in dieser Stadt erscheinen.

In den letzten Jahren sind zahlreiche Arbeiten von jungen Leipziger Künstlern

Tipps

Mit Eigen + Art gibt es in Leipzig eine international renommierte Galerie (www.eigen-art.com).
Ebenfalls auf dem Gelände der Leipziger Baumwollspinnerei: HALLE 14 mit ihrem Kunst- und Kulturprogramm (www.halle14.org).
Der Veranstaltungsort der Kulturlounge ist Des Geigers Rätsel (www.kulturlounge.de).
Online bietet das Portal www.rundgang-kunst.de aktuelle Informationen rund um die zeitgenössische Kunst in Leipzig.

(»Neue Leipziger Schule«) hinzu gekommen, so von Christian Bussenius, Martin Galle, Kristiana Schuldt (Fachklasse Prof. Neo Rauch), Markus Bläser, Marieken Matzschenz, Elena Koslova (Fachklasse Prof. Sighard Gille) und andere.

Neben der Sammlung zeigt die hoteleigene »galerie.leipziger-schule« seit 1995 (Eröffnung mit einer Werner Tübke-Ausstellung) auf 160 m² Ausstellungsfläche ein ausgewähltes Spektrum Leipziger Kunst.

Heute bekannte Künstler wie Michael Triegel, Michael Fischer-Art, Annette Schröter, Christian Bussenius, Martin Galle und andere erhielten von Eberhard die Möglichkeit, in ersten großen Ausstellungen ihre Arbeiten in Leipzig zu zeigen.

GÄSTEHAUS IM VOLXHEIMER HOF

In kreativer Atmosphäre mal so richtig auftanken und frische Kraft zu neuen Taten schöpfen. Hierfür ist das Gästehaus im Volxheimer Hof der geeignete Ort.

Wir sind ein angenehm kommunikatives Haus, das anregt zum Nachdenken, Unterhalten und Freundschaften schließen. Wir möchten, dass Sie sich bei uns wohlfühlen, sich entspannen und neue Perspektiven kennenlernen. Alle Räume sind individuell gestaltet. So können Sie sich selbst ein Bild vom Ideenreichtum und Witz unserer Kunst machen. Wir haben uns bewusst gegen TV, Telefon und W-LAN entschieden und setzen gezielt auf Entschleunigung.

- Frühstück mit Bio-Produkten
- Weinprobe und Betriebsbesichtigung im Öko-Weingut (www.bruehler-hof.de)
- kulturelle Projekte im Volxheimer Hof
- Führungen durch das umfangreiche Privatmuseum von Bruno K.
- Treckerfahrten durch die Gemarkung

Kontakt

Bruno K. & Sabine Müller
Obergasse 5
D – 55546 Volxheim
Telefon +49-(0)6703-4814
info@volxheimerhof.de
www.volxheimerhof.de
www.bruno-k.de

Kategorie	Pension
Komfort	einfach
Sprachen	Deutsch, Englisch
Zimmer	1 EZ, ab EUR 47/Übernachtung
	4 DZ, ab EUR 69/Übernachtung
	2 Familienzimmer, ab EUR 69/Übernachtung
	Museumsführung von und mit Bruno K., EUR 80 für
	1 – 4 Personen, jede weitere Person EUR 15, max.
	12 Personen, Dauer ca. 2,5 Stunden,
Verpflegung	ÜF
Anbindung	nächster Bahnhof: Bad Kreuznach, 7 km
	nächster Flughafen: Frankfurt/Main, 85 km

Weitere Informationen

Rheinhessisches Weinbaugebiet an der Grenze zur Nahe-Region, ideal zum Wandern, mit vielfältigem Angebot an kulturellen, kulinarischen und landschaftlichen Besonderheiten: Rheingrafenstein, Rotenfels, Altenbaumburg.

Bruno K. & Sabine Müller

Seit über 30 Jahren arbeite ich als Bildhauer, Aktionskünstler, Fotograf und Designer an der Verwirklichung eines ganzheitlichen Gesamtkunstwerkes, um Kunst und Leben nachhaltig miteinander zu verschmelzen.

So war es nur eine Frage der Zeit, neben all meinen künstlerischen Aktivitäten auch ein Gästehaus zu gründen, in dem man auf angenehme, erfrischende und humorvolle Weise Kunst und Design erleben kann.

Bei Umgestaltung und Möblierung der ehemaligen Dorfschule wurde großer Wert auf außergewöhnliche, raumspezifische Lösungen gelegt, so dass jedes Zimmer, jedes Bad ein Unikat ist. Entscheidend dabei ist, mein künstlerisches Prinzip

Tipps

Gastronomie: Wöllsteiner Weinstube; Kaiserhof, Guldental; Stromburg, Johann Lafer

Bad Kreuznach: Römerhalle, Puppenmuseum, Salinental, Besucherbergwerk

des Direkt-Recyclings gerade auch am Projekt Gästehaus deutlich zu machen, um damit u. a. einen Impuls zum Thema Ressourcenschonung zu geben.

Mit unseren Gästen, meist Weinkenner und Kunstfreunde, unterhalten wir uns gerne über Kunst, Kultur und ökologischen Landbau.

LAND|ART|HOTEL
WARTENBERGER MÜHLE

Unser romantisches Landhotel liegt inmitten grüner Wiesen im Donnersberger Land, im Herzen der schönen Pfalz bei Kaiserslautern.

Erleben Sie in privater Atmosphäre und edlem Ambiente die harmonische Verbindung von alter Bausubstanz mit moderner Architektur.

- Gourmet-Restaurant
- Bistro »Molino«
- Hochzeiten/Tagungen/Events
- Ausstellungen
- Konzerte auf der Seebühne im Skulpturenpark
- Kochkurse
- Golfveranstaltungen

Kontakt

Anja & Martin Scharff
Schlossberg 16
D – 67681 Wartenberg
Telefon +49-(0)6302-92340
wartenberger-muehle@t-online.de
www.wartenberger-muehle.de

Kategorie	Hotel
Komfort	hoch
Sprachen	Deutsch, Englisch
Zimmer	16 DZ, ab EUR 90/Übernachtung für 2 Personen, ab EUR 69/Übernachtung für 1 Person
	1 Suite, ab EUR 200/Übernachtung für 2 Personen, ab EUR 115/Übernachtung für 1 Person
	Zustell-/Kinderbetten gegen Aufpreis
Verpflegung	Ü, ÜF, HP, VP
	Café, Bar und Restaurant im Haus
Anbindung	nächster Bahnhof: Kaiserslautern, 11 km
	nächster Flughafen: Frankfurt/Main, 120 km

Anfang der 70er Jahre kaufte der Architekt Prof. Horst Ermel die Wartenberger Mühle, einen etwa 1.000 Jahre alten Dreiseithof. Stück für Stück wurde dem verfallenen Gebäude wieder Leben eingehaucht, zunächst nur zu Wohnzwecken für die Familie, bis sich Ende der 90er Jahre abzeichnete, dass die älteste Tochter es gastronomisch nutzen wollte. Daraufhin baute Prof. Ermel den alten Kuhstall mit Kreuzgewölbe zum Gourmet-Restaurant aus, den Pferdestall zum Bistro, den Heuboden zur Festscheune.

Die Gartenterrasse des Gourmet-Restaurants öffnet sich zur Landschaft des Donnersberges, das anschließende Gelände wurde entlang der Wasserflächen zu einem kleinen Skulpturen-Park mit Teich, Seebühne, Sitztribüne und Kunstwerken bekannter Künstler gestaltet.

Die Zimmer sind unterschiedlich ausgestattet, jedes einem Künstler gewidmet, der seine Arbeit in den Raum integriert hat. Im Gourmet-Restaurant finden jährliche Ausstellungen statt, die Finissagen werden verbunden mit einem gastronomischen Ereignis wie der »Trüffelgala« oder Kochevents mit Sterne-Köchen.

Tipps

Führungen durch den Kräutergarten der »Wartenberger Mühle«. Geführte Wanderungen z.B. ins Keltendorf oder in der Mehlingerheide/Nordpfalz.

Das Anliegen von Prof. Ermel war es schon immer, Architektur mit Kunst, Landschaft und Natur zu verbinden und so besondere Orte zu schaffen, die Menschen einladen, Freude zu haben, zu genießen und auch Ruhe zu finden.

KUNSTPENSION REINSBURGHALLEN

Fotos: Anne Hooss

Übernachten im Gesamtkunstwerk Reinsburghallen im Stuttgarter Westen!

Bei unserem Wunschfrühstück wird vorab bestellt, was am Abend vorher bereit gestellt werden soll. Zu beliebiger Uhrzeit bereitet sich der Gast am Morgen sein Frühstück selbst in der Pensionsküche zu.

Immer wieder ist bei uns eine Ausstellung zu sehen. Hier bitte nachfragen.

Weitere Informationen

Die Reinsburghallen liegen optimal für öffentlichen Verkehr, Kunst und Kultur, Stadtbummel und Ruhe: Bus und S-Bahn um die Ecke, zur Innenstadt auch schnell zu Fuß, Kunst- und Kultureinrichtungen sowie Kunsthandwerker-Boutiquen. Die Karlshöhe erreicht man in 7 Minuten und einen schönen Wald in 15 Minuten.

Kontakt

Anna Ohno
Reinsburgstraße 86a
D – 70178 Stuttgart
Telefon +49-(0)711-6207080
ohno@reinsburghallen.de
www.reinsburghallen.de

Kategorie	Pension
Komfort	mittel
Sprachen	Deutsch, Französisch, Englisch
Zimmer	3 DZ, EUR 60/Übernachtung für 2 Personen,
	EUR 40/Übernachtung für 1 Person
	ab 15 – 31 Übernachtungen:
	EUR 55/Übernachtung für 2 Personen,
	EUR 35/Übernachtung für 1 Person
Verpflegung	ÜF
	Selbstversorger (ohne Frühstück):
	EUR 4/Übernachtung/Person günstiger
Anbindung	nächster Bahnhof: Stuttgart, 3 km
	nächster Flughafen: Stuttgart, 13 km

Foto: Anna Ohno

Tipps

Für Künstler (2 Minuten zu Fuß):
www.kuenstlerhaus.de

Für Kunstinteressierte (5 Minuten zu Fuß):
www.oberwelt.de, www.parrotta.de

Abendprogramm (4 – 7 Minuten zu Fuß):
www.merlin-kultur.de, www.rosenau-stuttgart.de

Besonderes einkaufen (sehr gut zu Fuß erreichbar):
www.schaetze-des-westens.de

Für Mittagesser (8 Minuten zu Fuß):
Cafébar »Auszeit«
(Augustenstraße 52, Tel. +49-(0)711-5053160)

Gastronomie: www.gastro-stars-stuttgart.com >
S-West anwählen

Anna Ohno

Während meines Studiums der freien Kunst lernte ich meinen Mann Mario Ohno kennen, mit dem ich seit 2006 das Gesamtkunstwerk Reinsburghallen im Stuttgarter Westen führe.

Hier wird untersucht, inwieweit sich nach jahrzehntelanger Theorie Kunst und Leben tatsächlich miteinander verbinden lassen. Das Zusammenspiel von Privatsphäre und Öffentlichkeit ist dabei ein wichtiges Element.

In den Reinsburghallen sind sowohl wir, als auch verschiedene Projekte zu Hause. So u. a. Marios Einzimmertafel St. Amour und meine Kunstpension. Hat man in der Einzimmertafel mit der Verbindung Kunst und Essen zu tun, wohnt man in der Pension in Kunst.

Das Rote Zimmer beherbergt eine Sammlung von Arbeiten verschiedener Künstler, die alle in Verbindung mit den Reinsburghallen stehen. Im Kunstzimmer wohnt der Gast in einer Gesamtinszenierung, die alle 6 Monate von einem anderen Künstler installiert wird. Das Grüne Zimmer widmet sich meinem alten Traum von einem ganz besonderen Blumenladen.

Foto: Frieder Schlaich

Viele Besucher, darunter auch Gäste umliegender Kulturinstitutionen, kommen häufig und schätzen die Mischung aus Hotel und Wohnung. Sind mehrere Zimmer bewohnt, kann man den Küchentisch nutzen, um Bekanntschaften zu schließen, sich aber auch – trotz der gemeinsamen Nutzung von Küche und Bad – aus dem Weg gehen. Wer möchte, ist gerne zu uns in den überdachten Hinterhof und unter die beiden Kirschbäume eingeladen. Gespräche mit unseren Gästen, wenn erwünscht, sind für uns eine Selbstverständlichkeit.

ARTHOTEL BILLIE STRAUSS

Am Fuße der schwäbischen Alb, genauer in Nabern bei Kirchheim-Teck, findet sich ein architektonisch-gastronomisches Kleinod:

Die seit fast drei Jahrzehnten bekannte und beliebte Weinstube »Altes Rathaus« mit dem heutigen »ArtHotel« und der in Zukunft beide Bauten verbindenden »Wohnskulptur«.

Das Ensemble ist eine Symbiose von drei Jahrhunderten Baukunst im Spannungsfeld zwischen Vergangenheit, Gegenwart und Zukunft. Die irakisch-britische Architektin Zaha M. Hadid schuf die Idee einer avantgardistischen Wohnskulptur, die das 320 Jahre alte ehemalige Rathaus, die heutige Weinstube, mit dem benachbarten Bauernhaus, dem heutigen Hotel, verbinden soll.

Kontakt

Dipl.-Ing. Arch.
Billie & Manfred Strauss
Weilheimer Straße 20
D – 73230 Kirchheim-Teck
Telefon +49-(0)7021-950590
info@arthotelbilliestrauss.de
www.arthotelbilliestrauss.de
www.weinstube-altes-rathaus.de

Kategorie	Hotel
Komfort	mittel
Sprachen	Deutsch, Englisch, Italienisch, Französisch
Zimmer	5 EZ, EUR 98 – 115/Übernachtung
	7 DZ, EUR 125 – 140/Übernachtung
	1 Suite, ab EUR 140 – 180/Übernachtung
Verpflegung	ÜF
	Restaurant im Haus
Anbindung	nächster Bahnhof: Kirchheim-Teck, 2 km
	nächster Flughafen: Stuttgart, 18 km

Weitere Informationen
Attraktiv: Die nahe gelegene schwäbische Alb, das Städtchen Kirchheim-Teck selbst und die »Fachwerkstraße«.

Billie & Manfred Strauss
Wir sind das Design- und Kunsthotel im Raum Stuttgart. Billie Strauss betrieb bis vor kurzem eine Galerie für moderne bzw. aktuelle Kunst im ArtHotel. Ihre Sammlung ist in den öffentlichen Räumen und in den Zimmern zu sehen.

Alle Zimmer sind individuell eingerichtet, farblich abgestimmt auf die Hauptfarben Rot-Orange und Blau-Grün. Natürlich freuen sich die Besitzer und Betreiber immer über interessante Gespräche mit den Gästen – und unsere Gäste erhalten Tipps für ihre Untenehmungen.

In unserem Restaurant »Weinstube Altes Rathaus« werden unsere Gäste vorzüglich versorgt mit regionalen Spezialitäten sowie mit mediterraner Küche.

Tipps
Neben diversen Museen in Stuttgart laden ein:
- Sammlung Ritter in Waldenbuch (www.museum-ritter.de)
- Sammlung Domnick in Nürtingen (www.domnick.de)
- Urweltmuseum Hauff in Holzmaden (www.urweltmuseum.de)
- Musicals in Stuttgart-Möhringen (www.si-centrum.de)
- Outlet City Metzingen (www.outletcity-metzingen.com)

HOTEL MARIANDL

Das Mariandl ist Münchens ältestes Konzertcafé.

Das Anwesen Goethestraße 51, in dem Sie uns finden, wurde anno 1897 bis 1899 von den Herren Thunig und Pabst im neugotischen Stil erbaut. Von Anfang an waren die Räume im Erdgeschoss Sitz eines Cafés und Restaurants.

Im Jahre 1938 pachtete Johannes Baptist Brugger das Haus und führte das Lokal unter dem Namen »Goetheburg« weiter.

Kontakt

Rudolf Bayer
Goethestraße 51
80336 München
Telefon +49-(0)89-5529100
office@mariandl.com
www.mariandl.com

Kategorie	Hotel
Komfort	mittel
Sprachen	Deutsch, Englisch
Zimmer	5 EZ ab EUR 60/Übernachtung
	23 DZ ab EUR 70/Übernachtung
	große DZ bis zu 6 Personen aufbettbar
	teilweise mit Balkon/Terrasse
Verpflegung	ÜF
	Café und Restaurant im Haus
Anbindung	nächster Bahnhof: München Hbf., 1 km
	nächster Flughafen: München, 45 km

Künstlerprojekt »Zimmer frei 2010« (v. l. n. r.: Susanne Hanus, Judith Egger, Katharina Weishäupl); Fotos: Coletta Ehrmann

Während der beiden Weltkriege wurde es als Speiseausgabestätte für die Bevölkerung genutzt. Nach Kriegsende konnten sich die amerikanischen Besatzungskräfte hier im Münchner Nachtclub »Femina« amüsieren.

Ab 1968 übernahm die zweite Generation der Familie Brugger die Leitung und gab dem Haus den Namen »Mariandl«, den es bis heute trägt.

20 Jahre lang bot das Café außerdem ein Forum für die Musiker des Vereins »Klassische Musikwirtschaft e.V.«. Da dem Verein ab 1998 die städtischen Fördermittel nicht mehr zur Verfügung gestellt wurden, löste er sich auf.

Nach Abschluss der Renovierungsarbeiten Ende 1996 übernahmen Josef Bachmeier und Rudolf Bayer Münchens ältestes Konzertcafé – natürlich auch weiterhin mit Live-Musik an jedem Abend.

Rudolf Bayer

Was ist so anziehend am Mariandl? Das ist naturgemäß schwer zu erklären, hat aber mit Sicherheit etwas der Schönheit des Gebäudes zu tun und mit dem Umstand, dass seit jeher täglich Konzerte veranstaltet werden und regelmäßig Ausstellungen verschiedener Künstler im Hotel stattfinden.

Einmal jährlich veranstaltet das Hotel Mariandl in der Goethestraße 51 gemeinsam mit dem Kulturreferat der Landeshauptstadt München das Künstlerprojekt »Zimmer frei«: Es werden junge Münchner Künstlerinnen und Künstler eingeladen, auf zwei Etagen die Hotelzimmer temporär künstlerisch zu gestalten und zu verändern.

Tipps

www.muenchen.de > Stadtleben > Kultur/Unterhaltung
Geführt zu Münchens Kunst und Kultur: Monika Babl bietet Stadtführungen vor allem zur Kulturgeschichte an (Tel. +49-(0)89-8205281, www.wege-zur-kultur.de).
Mit EPOCA Führungen kann man ArtWalks unternehmen, sogar mit Künstlergesprächen (Tel. +49-(0)89-21031186, www.epoca.cc).
Weis(s)er Stadtvogel München führt u. a. durch Pinakotheken (Tel. +49-(0)89-203245360, www.weisser-stadtvogel.de).

Aus obigen Gründen nächtigen natürlich auch viele Künstler bei uns, und es ergeben sich viele interessante Gespräche bis in den Morgen (eben bis die Putzfrauen arbeiten wollen) hier an der Bar.

AM EICHHOLZ
GALERIE & ART-HOTEL

Am höchsten Punkt Murnaus befindet sich eine Landhausvilla aus der Gründerzeit: das Galerie & Art-Hotel, das mit feiner Hand von der Malerin und Galeristin Gina Feder und dem Landschaftsarchitekten und leidenschaftlichen Koch Alexander Zentgraf geführt wird. Von dort genießen Sie den Blick auf die reizvolle Berglandschaft mit dem Murnauer Moos.

Nahe der Murnauer Marktstraße erstreckt sich unsere Galerie über zwei Stockwerke, ergänzt von einem lichtdurchfluteten Kunstpavillon im Garten. Im Galeriehaus befindet sich ein Apartment im Dachgeschoss mit Loggia und fantastischem Bergblick.

Das Murnauer Flair und seine landschaftlich schöne Umgebung haben bereits seit Jahrhunderten viele Menschen

Kontakt

Gina Feder & Alexander Zentgraf
Am Eichholz 21
D – 82418 Murnau am Staffelsee
Telefon +49-(0)8841-5863
ameichholz@t-online.de
www.galerie-murnau.de

Galeriehaus: Seidlstraße 4

Kategorie	Hotel
Komfort	mittel
Sprachen	Deutsch, Englisch, Französisch, wenig Italienisch
Zimmer	2 DZ, ab EUR 105/Übernachtung für 2 Personen, ab EUR 95/Übernachtung für 1 Person
	2 Suiten, ab EUR 150/Übernachtung
	Apartment: für 2 – 4 Personen im Galeriehaus, ab EUR 160/Übernachtung
Verpflegung	ÜF, Veranstaltungen mit Gastronomie auf Anfrage, Menüs ab 16 Personen
	Café und Restaurant im Galeriehaus
Anbindung	nächster Bahnhof: Murnau, 3 km
	nächster Flughafen: München, 110 km

Fotos: Gina Feder

angezogen, darunter auch bekannte Künstler wie Franz Marc, Wassily Kandinsky und Gabriele Münter.

Wir bieten unseren Gästen mediterranen Lebensstil, Küche und Kunstgenuss. Ausstellungen, Konzerte, Gesellschaften, Konferenzen oder Kunst-Workshops finden in unserem Haus und seinem neuen Glasanbau statt.

Gina Feder & Alexander Zentgraf

Gina Feder, Malerin und Galeristin (seit 1990 in München, seit 1994 in Murnau) und der Landschaftsarchitekt und leidenschaftliche Koch Alexander Zentgraf haben das Haupthaus »Galerie & Art-Hotel« mit zeitgenössischer Kunst und modernem Design ausgestattet. Gelegen ist die Landhausvilla aus der Gründerzeit auf dem höchsten Punkt Murnaus. Zu uns kommen vor allem kunstinteressierte Akademiker, Musiker und Maler. Über Gespräche über das Thema Kunst freuen wir uns ausdrücklich! Schließlich ist Murnau eine Wiege der modernen Kunst, hier lebte und arbeitete die Künstlergruppe »Blauer Reiter«.

Tipps

Wandern und Radfahren auf den Spuren des »Blauen Reiter« in einer inspirierenden Landschaft Ausflüge führen ins Murnauer Moos, zum Staffel-, Walchen- und Starnberger See und zu den berühmten Kirchen des Pfaffenwinkels, nach Oberammergau, Garmisch-Partenkirchen, zur Zugspitze und zum Kloster Ettal.

Nicht weit ist es zu den Königsschlössern Linderhof, Hohenschwangau und Neuschwanstein.

Schlossmuseum Murnau (Gabriele Münter, Blauer Reiter, Ödön von Horváth u. a.), Franz-Marc-Museum Kochel (15 km)

BERGE

berge ist nicht ganz normal. Das ist ja das Schöne. Haus berge ist eine Herberge der besonderen Art. Es bietet 16 individuelle Quartiere für Selbstversorger.

Das Außergewöhnliche ist, dass die Gäste unter sich sind und sich vorrangig selbst versorgen. Entsprechend sind fast alle Quartiere (ausgenommen Bergebude und Vorderstübchen) mit kompletten Küchen ausgestattet. Platz ist immer für 2 Personen, in einigen Wohnungen bietet ein Ausziehsofa noch zwei weitere Schlafplätze.

In berge selbst gibt es keine Rezeption und kein Personal vor Ort. Ihren Schlüssel finden Sie in der Schlüsselbox links neben der Eingangstür der berge. Bei Wunsch bringen Ihnen unsere guten Feen ein Frühstückspaket vor die Wohnungstür.

Die Große Stube bietet Platz für 20 bis 25 Personen und kann für Veranstaltungen, Workshops und Feste gesondert gemietet werden. Ist die Große Stube gebucht, kann die Gruppe als Selbstversorger unter sich bleiben oder alternativ den hilfreichen Service unseres Kochs in Anspruch nehmen. Wenn Sie wünschen, spielt der bekannte Jazzgitarrist Philipp Stauber mit einem Partner auf Ihrem Fest.

Kontakt

Nils Holger Moormann
Kampenwandstraße 85
D – 83229 Aschau im Chiemgau
Telefon +49-(0)8052-904517
berge@moormann.de
www.moormann-berge.de

Kategorie	Apartment/Ferienwohnung
Komfort	mittel
Sprachen	Deutsch, Englisch
Zimmer	2 DZ, ab EUR 100/Übernachtung
	14 Suiten, ab EUR 140/Übernachtung
Verpflegung	Selbstverpflegung, ÜF
Anbindung	nächster Bahnhof: Aschau, 1,7 km
	nächster Flughafen: Salzburg, 64 km

Weitere Informationen

Aschau ist ein kleiner Ort und liegt am Fuße der Kampenwand im Chiemgau und nur wenige Kilometer vom Chiemsee entfernt (www.aschau.de). Die Berge laden zu Wanderungen und Hüttenbesuchen ein.

Nils Holger Moormann

Alle Wohnungen in dem 350 Jahre alten Gebäude wurden individuell geplant und hauptsächlich mit eigenen Möbeln unserer Firma Nils Holger Moormann ausgestattet. Das Gästehaus berge wurde bereits mit 6 Designpreisen ausgezeichnet, besonders stolz sind wir auf den Designpreis der Bundesrepublik Deutschland in Gold. Für unsere Möbelkollektion und die Unternehmenskommunikation haben wir mittlerweile 176 Preise erhalten. Gerne können unsere Gäste auch die Firma besuchen, die nur 5 Gehminuten entfernt ist.

In berge gibt es keine Fernseher und keinen Internetzugang, kein Telefon, und der Handyempfang kann lückenhaft sein. Dafür finden Sie in jeder Wohnung eine kleine erlesene Bibliothek mit Klassikern, und auch das Literatenkammerl bietet Aufenthalt und Lesestoff für das ganze Haus. Zusätzlich dazu gibt es in jeder Wohnung ausgewählte Kunstwerke.

»Schöner Wohnen« schrieb 2009 den – wie ich finde – treffenden Kommentar: »Fast alles ist ironischer Kommentar des Gewohnten und doch ernst gemeint und alltagstauglich. Moden und Trends sind Moormann ohnehin egal.« Dies trifft sowohl auf die Möbelkollektion als auch auf unser Gästehaus zu.

Die Gäste in der berge sind bunt gemischt – von Firmen, die die Große Stube für Veranstaltungen nutzen, über designinteressierte Gäste bis hin zu bekannten Persönlichkeiten: Bei uns sind alle Gäste willkommen.

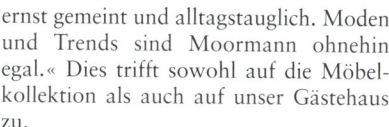

ART & BUSINESS HOTEL

Das art & business hotel ist ein Design-hotel in der Altstadt von Nürnberg. Familiär und individuell geführt, erwartet Sie ein freundliches, schnörkelloses Haus mit viel Kunst und klarem Design.

Das ganze Haus kann für Festlichkeiten gemietet werden. Gekocht wird auf Sterne-Niveau – dann steht der Hausherr selbst am Herd! Denn Essen ist Kunst! Das Frühstück wird mit viel Liebe zubereitet. Die Marmeladen sind von der Hausherrin selbst gekocht, das Roggenbrot und die Muffins werden frisch gebacken. Weihnachten gibt es selbstgebackene Plätzchen. Alle Speisen werden mit Produkten aus der Region frisch zubereitet.

Jeden 3. Dienstag im Monat findet unser Weinkolleg unter dem Motto »riechen – schmecken – hören« statt. Dort werden ausgesuchte Weine vorgestellt. Im Anschluss gibt es unser mittlerweile legendäres Käsebuffet vom Affineur G. Waltmann aus Erlangen.

Kontakt

Familie Hirschfelder
Gleißbühlstraße 15
D – 90402 Nürnberg
Telefon +49-(0)911-2321-0
info@art-business-hotel.com
www.art-business-hotel.com

Kategorie	Hotel
Komfort	mittel
Sprachen	Deutsch, Englisch, Französisch, Spanisch, Italienisch, Indisch
Zimmer	25 EZ, ab EUR 65/Übernachtung
	20 DZ, ab EUR 84/Übernachtung
	4 Superior-Zimmer, ab EUR 115/Übernachtung
Verpflegung	ÜF
	Bar im Haus
Anbindung	nächster Bahnhof: Nürnberg, 0,2 km
	nächster Flughafen: Nürnberg, 6,5 km

Weitere Informationen

Nürnberg ist eine Kunst- und Kulturstadt und hat viel zu bieten, wie Germanisches Nationalmuseum, Galerien, Staatstheater, Opernhaus, Schauspielhaus, Ballett, viele Kleinkunstbühnen, Jazzclub, Reichsparteitagsgelände mit dem Dokumentationszentrum, den Nürnberger Schwurgerichtssaal, die Nürnberger Kaiserburg und vieles, vieles mehr.

Familie Hirschfelder

Wir sind eine Architektenfamilie, die seit Jahren in der Nürnberger Kunstszene unterwegs ist und sich für Kunst + Design und natürlich gute (Innen-)Architektur interessiert. Die Rolle der Gastgeber ist uns eine Leidenschaft geworden.

Im art & business Hotel finden Sie modernes Design in einem Haus aus den 70er Jahren. Die Kunst, die dort hängt und steht, ist aus den eigenen Sammlungsbeständen. Die Gäste, die zu uns kommen, schätzen die herzliche, familiäre Atmosphäre und das Gefühl heimzukommen. Und keiner bleibt ohne Emotion,

Tipps

»Blaue Nacht – Lange Nacht der Kunst und Kultur in Nürnberg« (www.blauenacht.nuernberg.de) Klassik Open Air mit den Nürnberger Symphonikern/Philharmonikern und das »Palazzo« (www.palazzo.org)

wenn ihn morgens dieses Frühstück erwartet, von dem die Leute sagen, es sei ein wirklich ganz besonderes. Herzlich willkommen!

HOTEL DINKELSBÜHLER KUNST-STUBEN

Unser Hotel befindet sich am Segringer Tor, einem der vier Stadttore der historischen Altstadt von Dinkelsbühl.

Bewertet mit 3 Sternen, sind unsere Zimmer mit allem ausgestattet, was man sich wünscht. Wer die Romantik liebt, der ist im Hotel Dinkelsbühler Kunst-Stuben gut aufgehoben. Exklusiv eingerichtete Ferienzimmer, ein schöner Frühstücksraum, ein reizvoller Innenhof und eine Bibliothek bieten die Möglichkeit, in einem Künstlerhaus ein paar Tage Urlaub ganz besonderer Art zu erleben. Ein Künstleratelier mit historischer Grafikwerkstatt lädt ein, den Gastgeber und Künstler Arthur Appelberg bei seiner Arbeit zu beobachten.

Kontakt

Arthur Appelberg
Segringer Straße 52
D – 91550 Dinkelsbühl
Telefon +49-(0)9851-6750
info@kunst-stuben.de
www.kunst-stuben.de
www.arthur-appelberg.de

Kategorie	Hotel
Komfort	mittel***
Sprachen	Deutsch, Englisch
Zimmer	4 DZ, EUR 85/Übernachtung für 2 Personen, EUR 75/Übernachtung für 1 Person
	1 Suite, EUR 90/Übernachtung
	1 Familienzimmer, EUR 125/Übernachtung
Verpflegung	ÜF
Anbindung	nächster Bahnhof: Ellwangen, 23 km
	nächster Flughafen: Nürnberg, 118 km

Weitere Informationen

Dinkelsbühl, die tausendjährige Reichsstadt, ist seit Jahrhunderten ein Anziehungspunkt für Maler.

Arthur Appelberg

Arthur Appelberg studierte Betriebswirtschaft und Ingenieurswissenschaften in Köln und arbeitete als Diplom-Ingenieur in der Energiewirtschaft. Zur Kunst kam der 1937 geborene Gastgeber über Kontakte zur Folkwang-Hochschule in Essen, wo er Abendvorlesungen mit dem Schwerpunkt »Druckgrafik« besuchte.

Das Haus in Dinkelsbühl, dessen ältester Teil aus dem 15. Jahrhundert stammt, wurde 1993 kernsaniert. In das Hotel integriert ist eine Grafikwerkstatt mit allen für den Handdruck erforderlichen Pressen. Auf Wunsch finden nach Vereinbarung Vorführungen in den einzelnen Drucktechniken statt wie Tiefdruck (Radierung, Kupferstich), Hochdruck (Buchdruck, Holzschnitt), Flachdruck (Steindruck, Lithografie) und Siebdruck (Durchdruck).

Tipps

Gastronomie:
Weinstube und Restaurant Hotel Haus Appelberg

2003 erhielt das Hotel offiziell durch die BTG 3 Hotelsterne zuerkannt. Alle Zimmer sind romantisch eingerichtet, zum Teil mit Himmelbett.

GÄSTEHAUS SCHOLZ

Gestalten Sie Ihre Freizeit und Ihren Urlaub einmal anders. Entwickeln Sie neben Erholung und Unterhaltung Ihre eigene Kreativität. Lernen Sie sich von einer neuen Seite kennen und wecken Sie die Kreativität, die in Ihnen steckt.

Bei uns werden Gäste schnell zu Freunden. Erleben Sie Ihren Urlaub in einem Künstlerhaus, mitten in der »Perle des Naabtals«, in ruhiger Lage, umgeben von Natur pur. Als Kursteilnehmer oder einfach nur zur Erholung, bei uns sind Sie herzlich willkommen.

Neben den Wassern der Naab und Vils, die zum Angeln, Schwimmen oder Paddeln einladen, bieten Ihnen auch Tennisanlagen und gute Wandermöglichkeiten echte Ferienfreuden. Durch die einzigartige, reiche und liebliche Tal- und Flusslandschaft mit ihren kargen und steinigen Anhöhen ist Kallmünz seit rund 100 Jahren Anziehungspunkt für Künstler und Kunstinteressierte aus vielen Ländern.

Darüber hinaus sind die geschichtsträchtigen Städte Amberg und Regensburg mit ihren reichen Kultur- und Kunstschätzen nur einen Katzensprung entfernt.

Kontakt

Albert Scholz
Alte Dinauer Straße 1
93183 Kallmünz
Telefon +49-(0)9473-667
mail@gaestehaus-scholz.de
www.gaestehaus-scholz.de
www.galerie-am-fels.de

Kategorie	Apartment/Ferienwohnung
Komfort	hoch***
Sprachen	Deutsch
Zimmer	4 Apartments, ab EUR 30/Übernachtung für 2 Personen
Verpflegung	Selbstverpflegung
Anbindung	nächster Bahnhof: Beratzhausen, 15 km
	nächster Flughafen: Nürnberg, 80 km

      WC   P

Fotos von Kallmünz. H. Krönauer

Weitere Informationen

Kallmünz ist ein Künstlerort, der 1901 von Prof. Charles Palmie entdeckt wurde. Auch Kandinsky und Münter haben, wie viele andere Künstler, unseren schönen Ort in der Oberpfalz entdeckt (www.kall-muenz.de).

Albert Scholz

Das Motto unseres Hauses ist »Wo Gäste bald zu Freunden werden«.

Ich bin Bildhauer mit eigener Galerie, der »Galerie am Fels« im Künstlerort Kallmünz. Seit zehn Jahren zeigen wir hier wechselnde Ausstellungen verschiedener Künstler. Die langjährige eigene Tätigkeit als freischaffender Bildhauer in Holz, Metall, Stein und Beton wird seit mehr als 20 Jahren durch Kurse in Bildhauen, Schnitzen, Malen und Modellieren ergänzt. Die Teilnehmer wohnen häufig in unseren künstlerisch gestalteten Ferienwohnungen. Bei uns sind Kunstschaffende und Kunstgenießer herzlich willkommen.

Tipps

Im Ort gibt es zahlreiche Galerien und einige gute Lokale.

EUR

OPA

36 GASTGEBER IN EUROPA

HOTEL HOLT

Unser Hotel ist seit vielen Jahren die beste Adresse für Geschäftsreisende und Prominente aus aller Welt. Gelegen in einer ruhigen Seitenstraße im Wohn- und Botschaftsviertel mit skandinavischem Flair, ist das 4-Sterne Hotel nur 5 Gehminuten von der Haupteinkaufsstraße entfernt.

Im Grunde ist das Hotel Holt eine Kunstgalerie inmitten eines Hotels: Alle Zimmer, Lounges, Konferenzräume und Gänge sind mit Originalwerken isländischer Kunst ausgestattet – gezeigt wird die größte private Kunstsammlung Islands.

Ebenso berühmt sind die historische Bibliothek, die Kjarvalslounge, die gemütliche Lobby und die Bar, alle elegant und komfortabel gehalten, sowie das Gallery Restaurant, eine der besten Adressen Islands.

Kontakt

Snorri Valsson
Bergstaðastræti 37
IS – 101 Reykjavík
Telefon +354-5525700
holt@holt.is
www.holt.is

Kategorie	Hotel
Komfort	hoch
Sprachen	Isländisch, Englisch, Deutsch, Norwegisch, Portugiesisch, Dänisch, Französisch
Zimmer	18 EZ, EUR 165/Übernachtung
	8 DZ, EUR 195/Übernachtung
	8 Junior Suiten, EUR 255/Übernachtung
	4 Familienzimmer, EUR 310/Übernachtung
Verpflegung	HP, VP
	Frühstück: EUR 18 für Erwachsene,
	EUR 12 für Kinder von 7 – 12 Jahre,
	kostenfrei für Kinder bis 6 Jahre
Anbindung	nächster Flughafen: Keflavík, 45 km

Kochen mit Chef de Cuisine Friðgeir

Das Hotel sowie das Restaurant haben sich besonders für Kunstkenner und Feinschmecker aus aller Welt etabliert und überzeugen seit 1965 durch exzellenten Service, die besondere Galerie-Atmosphäre und die hervorragende Küche.

Außerdem ist am Hafen der Stadt das neue Musik- und Konferenzzentrum Harpa (www.harpa.is) eröffnet worden, nur etwa 7 Minuten entfernt, was es uns erlaubt, Gästen ihren Aufenthalt noch erlebnisreicher und angenehmer zu gestalten.

Tipps

Informationen über Island: www.visitorsguide.is
Die Aufgabe des Icelandic Art Centers (CIA.IS-Center for Islandic Art) ist es, isländische Gegenwartskunst international bekannt zu machen und zu unterstützen. Auf der Homepage (www.cia.is) finden sich stets aktuelle Kunstadressen des Landes. Seit 2008 findet jährlich im Frühsommer das Reykjavík Arts Festival statt (www.artfest.is).

Eiríkur Ingi Friðgeirsson & Friðgeir Ingi Eiríksson

Wir stellen unseren Gästen verschieden große Meeting- und Bankettträume zur Verfügung. Alle Räume und Hotelzimmer sind mit Kunstwerken ausgestattet.

Unser Gallery Restaurant setzt seit seiner Eröffnung Maßstäbe in isländischer Kochkunst. Seit etwa zwei Jahren organisiert Küchenchef Friðgeir ausgefallene Kochkurse für kleine Gruppen in seiner maßgefertigten Küche. Begleitet wird das Küchenteam von erfahrenen Sommeliers, die mit einer Auswahl aus dem hauseigenen Weinkeller mit seinen über 4.000 Flaschen ein Fest der Sinne bereiten.

Außerdem bewirtschaftet das Hotel die Viðeyarstofa (www.videy.com) – Feiern aller Art auf der »Privaten Insel«.

LOW PARKAMOOR

This is an ideal retreat from contemporary distractions. Enjoying the simple pleasures of lighting a fire, cooking on the range, drawing your own water – living the life of 200 years ago.

The locality offers excellent walking, fishing, wild swimming and birdwatching. Although the building is very remote you will occasionally see walkers and mountain bikers as the house has a footpath running past it.

Contact

**Grizedale Arts –
Adam Sutherland**
Low Parkamoor
GB – Nibthwaite, LA12
Telephone +44-(0)15394-41050
stay@parkamoor.org
www.parkamoor.org
www.welcomebeyond.com (booking)
www.grizedale.org

Category	Cottage
Comfort	basic
Language/s spoken	
	English
Rooms	3 bedrooms (5 single beds, 1 double), library/ parlour with wood burning stove, firehouse with wood-burning range, kitchen/scullery, outdoor earth closet/toilet
	GBP 400/week
Catering	self-catering
Access by (public) transport	
	next train station: Ulverston, 10 miles (16 km)
	next airport: Manchester, 70 miles (113 km)
	accessibility by train/air/bike/car: car or bike to Lawson Park, Coniston from where you will be driven to Parkamoor in a 4 x 4

Further information

Set within the Lake District National Park, the birth place of both Romanticism and Britain's National Trust.

Grizedale Arts

Parkamoor is a remote, historic farmhouse restored and managed by Grizedale Arts. Initially it was used exclusively as an artist project space and retreat but it has also now opened up to the public as an unusual holiday experience. Parkamoor has a unique history, being built in the 17th century as one of several farms situated in the mountain valley. All the other buildings are now ruins, only Parkamoor remained as a farm up to the 1950s. It has since found alternative use eg as a film set and now as an artist project space.

The farmhouse is off-grid so all cooking and heat comes from a traditional wood-burning range, water is pumped from a well and toilet facilities are situat-

Tips

Grizedale Arts has many local events and activities they are involved in which you are always welcome to attend. Within walking distance you could visit Grizedale Sculpture Park and Brantwood House Museum, onetime home of John Ruskin.
Hawkshead (2 hour walk) offers a wide range of tourist amenities and the Beatrix Potter museum.
Further afield, Blackwell is a wonderful example of an Arts and Crafts house, and the Wordsworth Museum offers an in depth insight into the romanticism that the area inspired.
There are needless to say more beauty spots than you can shake a stick at.

ed in the garden. All the bedrooms have wash stands and a tin bath is available for fireside baths. Families and groups have enjoyed the remoteness and lack of modern distractions. The house is in frequent use by artists, writers and film makers and many works remain in the house.

BROOMHILL ART HOTEL & SCULPTURE GARDEN

Hotel guests are invited to explore the sculpture park, enjoy the contemporary art collection on sale in the Gallery and the Broomhill collection on display throughout the hotel freely at no extra charge.

Broomhill is a member of the SlowFood movement. Experience the finest of the region's produce at Broomhill's Terra Madre restaurant. Give your taste buds a serious treat with delicious home-made Mediterranean inspired cuisine. Our passion for good, clean, fair food is evident throughout our dishes, from fresh breads, cakes and biscuits to artisan chorizo and salamis. We offer an array of delicious, home-made treats for visitors to sink their teeth into! Consisting of mainly Mediterranean cuisine using fresh, organic, fair trade produce from neighbouring farms and the coast, the menu affords splendid choice and excellent value. We also offer organic beverages including wine.

Broomhill hosts a variety of exciting events throughout the year, such as art exhibitions, workshops, monthly Jazz concerts, lectures and food events.

Contact

Rinus & Aniet van de Sande
Muddiford Road
GB – Barnstaple, EX31 4EX
Telephone +44-(0)1271-850262
info@broomhillart.co.uk
www.broomhillart.co.uk

Category	Hotel & Sculpture Garden
Comfort	intermediate
Language/s spoken	
	English, Dutch, a little French and German
Rooms	6 double/twin rooms, from GBP 75/night for 2 people, from GBP 50/night for 1 person
Catering	with breakfast
Access by (public) transport	
	next train station: Barnstaple, 4 miles (6,5 km)
	next airport: Exeter, 50 miles (80 km)

photos: broomhillart.co.uk

Rinus & Aniet van de Sande

The starting point for my love of art and my passion for collecting paintings and sculpture was a visit to a 1977 touring exhibition of original contemporary prints in Tilburg. There I made the decision to buy a lithograph by Pierre van Soest, an impression of a painting by Jan van Eyck of »Giovanni Arnolfini and His Wife«.

Living in the south of the Netherlands, modern art was not widely available. Luckily I lived close to Eindhoven where the Van Abbemuseum housed one of the best European contemporary art collections. That collection and their exhibition programme developed my personal interest and opened my eyes to the world of art. Running a bakery business meant that my budget was limited, but often I made a deal with a gallery or the artist and paid for the work in small amounts. Once one piece was paid for, the excitement was in finding the next.

In 1991, I met the artist Marlies Vonk and her partner Ton van Loenen. It was to be the beginning of a strong friendship. Whilst Marlies was working in the studio, my wife Aniet and I started discussing how we would put our 250 m² studio space into good future use: We loved the idea of creating a gallery – a stage for young artists.

Now began a fascinating period of discovery: How to stage exhibitions, deal with artists, visitors and gallery clients. In the summer of 1994, we decided to concentrate on North Devon as we had fallen in love with its vast landscape and beautiful coastal scenery.

We eventually found Broomhill – then a run down hotel – just outside Barnstaple in the centre of North Devon. It was the perfect size: ten acres of overgrown but potentially very beautiful gardens. The house featured a great ballroom which we could visualise as a fantastic gallery space. What's more, we could build an income around the rooms and restaurant and plough all the profits into developing the sculpture park.

By April 1997, we were ready to move in, but not before spending three hectic months renovating the house. The garden was a huge task in itself: overgrown with woodland and brambles it was in desperate need of cutting back and clearing to make way for paths, stands and monumental sculptures.

With an exhibition in the gallery, numerous sculptures in the garden, a band performing on the terrace and 150 invited guests set to enjoy the birth of Broomhill with us: It was a brilliant start to a new life. The rest, as they say, is history.

Broomhill is about passion and determination. We have established a wonderful relationship with each and every artist and this has made Broomhill what it is today.

Tips

North Devon Festival proudly celebrates North Devon's beauty as well as its rich cultural life (www.northdevonfestival.org).
More about North Devon: www.wildcurl.co.uk

Further information

North Devon is alive with vast, colourful landscapes, a dramatic coastline and a vibrant art and music scene, so it is truly one of the top destinations in the UK. North Devon offers such a variety of fantastic activities, events and festivals that it attracts all kinds of visitors; there is literally something for everyone.

ARTIST RESIDENCE
HOTEL & GALLERY

Welcome to Artist Residence Hotel & Gallery, Brighton's premier art hotel.

Centrally located with brilliant views over the seafront and West Pier, we pride ourselves on our friendly service and unique rooms.

We have monthly premières of exhibitions, hosting evenings with promotion to new art.

Contact

Artist Residence
33 Regency Square
GB – Brighton, BN1 2GG
Telephone +44-(0)1273-324302
info@artistresidence.co.uk
www.artistresidence.co.uk

Category	Guesthouse, Bed & Breakfast
Comfort	intermediate
Language/s spoken	
	English
Rooms	2 single rooms, from GBP 50/night
	12 double rooms, from GBP 60/night
	3 twin rooms, from GBP 60/night
	3 family units, from GBP 100/night
Catering	with breakfast
	café in the house
Access by (public) transport	
	next train station: Brighton, 0,1 miles (160 m)
	next airport: Gatwick, 29 miles (47 km)

Tips

The north Laines for bohemian, independent and unique shopping experiences.
Beach for swimming and catching some sun.
Royal Pavilion – built in the Georgian era, but looks like the Taj Mahal.
The arts scene in Brighton is thriving and there are countless galleries and collectives of independent artists.

Photo: VisitBrighton

Further information

From iconic Brighton tourist attractions to beachfront cool, Brighton is a treasure trove of things to do and places to go. Vibrant, colourful, fun and free, Brighton offers the energy of the city and freedom of the sea. It really is unique.

From the stunning heritage of the Royal Pavilion, Regency architecture and Victorian aquariums to the traditional seaside fun of the famous Brighton Pier and pebble beach, Brighton offers something for every walk of life.

Justin Salisbury

Justin Salisbury's Artist Residence is not really a hotel and not really a gallery, it's somewhere in between. Our boutique guesthouse is bang in the centre of Brighton. Each of our en-suite rooms have been individually designed by both local and internationally renowned urban artists. Situated at the top of Regency Square in a grade 2 listed townhouse, Artist Residence has dramatic sea views overlooking the West Pier ensuring you can enjoy our informal and cool breakfast in a bag. Our young team of staff are always »in the know« for all the best places to eat, drink and shop so you will always feel at home. Our fantastic location, 2 minutes walk to Brighton Beach and the West Pier and 10 minutes walk to the North and SouthLaines and Brighton's vibrant night life, also sets us apart and places our guests right in the middle of everything Brighton has to offer. Artist Residence also holds monthly exhibitions in its on-site gallery displaying works from the Residency Artist. We are not just a bed but an idea, having been featured in The Sunday Times Travel Magazine.

HOTEL FOX

21 international artists from the fields of graphic design, urban art and illustration turned Hotel Fox in central Copenhagen into the world's most exciting and creative lifestyle hotel.

61 rooms, 21 artists, 1,000 ideas: Each room is an individual piece of art – from wacky comical styles to strict graphic design, from fantastic street art and Japanese Manga to simply spaced out fantasies. You will find flowers, fairytales, friendly monsters, dreaming creatures, secret vaults and …

Contact

Hotel Fox
Jarmers Plads 3
DK – 1551 Copenhagen V
Telephone +45-33-133000
hotel@hotelfox.dk
www.hotelfox.dk

Category	Hotel
Comfort	intermediate
Language/s spoken	
	English, Danish
Rooms	61 rooms, the rate is varying over the seasons
Catering	with breakfast
	café, bar and restaurant in the house
Access by (public) transport	
	next train station: Vesterport, 1 km
	next airport: Kastrup, 15 km

     WC

Tips

Arken, the Museum of Modern Art, should not be missed (www.arken.dk).

Statens Museum for Kunst/The National Gallery of Denmark, located in the heart of Copenhagen, is also well worth a visit (www.smk.dk).

Another very popular museum, with a beautiful location near the water's edge, is the Louisiana-Museum of Modern Art. About 35 km out of Copenhagen, but a real recommendation (www.louisiana.dk).

The Danish Design Center (www.en.ddc.dk) is a must-see for design lovers.

The Ny Carlsberg Glyptotek, located in the heart of Copenhagen, is a great experience for art lovers (www.glyptoteket.dk).

The Danish National Museum features a little »secret« museum where you can view an old mill in the centre of Copenhagen. An insider tip – with the opportunity to enjoy a coffee or dinner (www.nationalmuseet.dk).

www.kultunaut.dk – on this website you can search for events matching your personal interests, sorted by categories.

A basic informative website about Copenhagen offering details for a range of different events: (www.visitcopenhagen.com).

Further information

The most cosmopolitan of the Scandinavian capitals. The city has a rich mix of things to do, see and take home. Some streets are cobbled whereas other parts of the city accommodate contemporary architecture.

Take a guided bike tour. Copenhagen is best explored by bike. The city is flat and the architecture rewarding, from the self-built Christiania to the modern habour area.

DET GAMLE ATELIER
(ALTES ATELIER)

Die Ferienwohnung »Det gamle atelier« (»Altes Atelier«) ist ein Teil eines individuell und kreativ gestalteten Künstlerhauses und liegt in einem Naturgarten mit Blick auf die Flensburger Förde.

Das neue Atelier »KreativAtelierRINkenæs« steht für Ausstellungen, Kurse und Arbeitsgruppen zur Verfügung. Nach Absprache ist eine Mitbenutzung möglich.

Weitere Informationen

Rinkenæs gehört zu Gråsten und liegt in Süd-Dänemark (Sønderjylland) an der Flensburger Förde.

Das Besondere der Region ist die Minderheiten-Bevölkerung nördlich und südlich der Grenze: die deutsche Minderheit in Dänemark und die dänische Minderheit in Deutschland mit Schulen, Bücherei, Zeitung, Zweisprachigkeit usw.

Kontakt

Karin Baum
Nederbyvej 7
Rinkenæs
DK – 6300 Gråsten
Telefon +45-7465-4466
baum@mail.dk

Kategorie	Ferienwohnung
Komfort	einfach
Sprachen	Deutsch, Englisch, Dänisch
Zimmer	Wohnraum mit Doppel-Schlafcouch, Extraraum mit Schlafetage, sog. »Hems«, und Einzelbett
	ab EUR 50/Tag für 1 – 3 Personen
	weitere Kosten: Endreinigung EUR 35, Brennholz
Verpflegung	Selbstverpflegung
Anbindung	nächster Bahnhof: Flensburg, 25 km; Gråsten, 3 km
	nächster Flughafen: Hamburg, 170 km;
	Sønderborg, 25 km

Tipps
Flensborg Fjords Kunst & Kulturforening
(www.ffkk.org)
Kunstforeningen KunstPunkt (www.kunstpunkt.dk)
Kulturlandbyen6300.dk
(www.kulturlandsbyen6300.dk)
Kunst im Norden (www.kunst-im-norden.de)
Dynt-Skelde-Gammelgab Landsbylaug
(www.dyntskelde.dk)
Nachfolgende Homepages geben weitere umfangreiche Infos über die Region:
▪ Unter www.broager.info finden sich Informationen und Ausflugstipps zur Halbinsel Broagerland in der Flensburger Förde.
▪ www.museum-sonderjylland.dk gibt einen guten
  Überblick über Museen in Sønderjylland.
Regionales:
▪ www.visitsonderborg.com
▪ www.sonderborg2017.dk
▪ www.flensburgfjord.info
▪ www.fjordregion.com
Attraktive Ziele sind auch das Cathrinesminde Zie-
geleimuseum in Broager, der Augustiana Skulpturenpark + Kunstcenter in Augustenborg (der größte Skulpturenpark Dänemarks) und BaneGården
Kunst & Kultur in Åbenrå (www.banegaarden.dk).

Karin Baum

Die Gastgeberin macht Fotokunst und ist
in diversen Kunstvereinen im Vorstand
und an Projekten und Events beteiligt wie
zum Beispiel als Mitbegründerin und im
Vorstand des deutsch-dänischen Kunst-
vereins »Flensborg Fjords Kunst & Kulturforening«, »KunstPunkt« und «Kultur-
landsbyen6300«. Darüber hinaus ist sie
aktiv als Mitglied im Netzwerk »Kunst
im Norden« und in der Künstlergruppe
Quarthex, die Touristen-Informations-
tafeln für die Region Broagerland gestaltete.

Gern gibt sie ihr Wissen an Gäste
weiter.

FERIENHAUS DELANGE

Dieses freistehende Fachwerkhaus aus dem 18. Jahrhundert liegt nahe des Hauses der Besitzer und wurde angemessen mit künstlerischer Sensibilität dekoriert.

Im offenen Garten befinden sich eine Terrasse mit Liegestühlen, eine Tischtennisplatte sowie ein nicht gesichertes Fischbassin.

Weitere Informationen

Jeder, der den Ort besucht, spürt den Zauber, der von ihm ausgeht: Étretat ist ein Seebad in der Normandie, nahe Le Havre gelegen. Insbesondere die steilen Felsklippen zogen seit jeher Künstler an. Maler wie Eugène Delacroix, Camille Corot, Gustave Courbet und Claude Monet sowie Schriftsteller wie Victor Hugo, Alexandre Dumas und Guy de Maupassant verbrachten hier kreative Zeiten.

Kontakt

Jean-Charles Delange
2130 Route des Loges
F – 76280 Villainville
Telefon +33-(0)235-295546
marie-thrsedelange@orange.fr
www.gites-normandie-76.com
(Objekt G1114)
www.jcdelange.org

Kategorie	Ferienhaus
Komfort	mittel
Sprachen	Französisch, Englisch, Deutsch
Zimmer	Ferienhaus, 94 m², für 4 Personen
	Hauptsaison: EUR 440/Woche
	Nebensaison: EUR 308/Woche
	Vorsaison: EUR 220/Woche
	Wochenende ab EUR 150
Verpflegung	Selbstverpflegung
Anbindung	nächster Bahnhof: Bréauté, 20 km
	nächster Flughafen: Le Havre, 20 km

Foto: Katharina Knieß

Der fiktive Meisterdieb Arsène Lupin ist eine Romanfigur des französischen Autors Maurice Leblanc, der in Étretat auch andere beliebte Werke schuf. Sein Haus ist heute das Museum Le Clos Arsène Lupin, Maison Maurice Leblanc und neben der alten Markthalle und den historischen Fachwerkhäusern ein Anziehungspunkt für Kulturtouristen.

Jean-Charles Delange

Jean-Charles Delange ist Künstler. »Ich beschäftige mich mit den Möglichkeiten heutiger Malerei, heutigen Malens.« Im gesamten Haus finden sich Werke des Künstlers und die Gäste sind eingeladen, Jean-Charles Delange im Atelier zu besuchen und sich mit ihm über seine Arbeiten auszutauschen.

Tipps

Fécamp ist eine geschichtlich und kulturell attraktive Stadt, Le Havre seit 2005 UNESCO-Weltkulturerbe, u.a. mit Nachkriegsarchitektur von August Perret, einem Gebäude von Oscar Niemeyer und einem schönen Kunstmuseum, das Werke impressionistischer Künstler wie Eugène Boudin, Claude Monet und Auguste Renoir zeigt. Das malerische Städtchen Honfleur – die »Stadt der Maler« – erreicht man von Le Havre aus über die Pont de Normandie, eine der größten Brücken Europas.

Sehenswert an der Küste gen Süden sind die Orte von Honfleur, Trouville, Deauville über Houlgate, Cabourg bis hin zu den Landungsstränden (Utah-Beach etc.). Gen Norden von Étretat über Yport, Fécamp, Saint-Valery-en-Caux bis Dieppe. Ins Inland an der Seine entlang von Le Havre, Jumièges (Abtei) über Rouen bis nach Giverny, wo Haus und Garten von Claude Monet zu besichtigen sind.

Wer den kleinen Bauernmarkt von Gonneville-la-Mallet besucht, findet dort die Hostellerie »Des Vieux Plats«. Die Fassade des Hauses, das schon viele Berühmtheiten aus Politik, Gesellschaft und Kultur bewirtete, ist auf Veranlassung der spleenigen Gründerin Ernestine à Saint-Jouin mit Tellern geschmückt, derzeit aber leider nicht geöffnet.

FERIENSTUDIO PARIS-MONTMARTRE

Blick nach draußen

Besonders für jüngere Leute geeignet! Ehemalige Boutique, insgesamt 35 m². Originell.

Direktzugang zur Rue Ramey, aber ziemlich ruhig. Heller Wohnraum von ca. 23 m² mit visuell abgeteiltem Schlafbereich: unten Doppelbett in Alkoven, oben Doppelbett auf niedriger Mezzanine. Zusätzliches Klappbett für eine 5. Person. Kinder sind willkommen!

Einfach und praktisch eingerichtet, u. a. mit
- Freebox Internet, Telefon, TV, DVD, HiFi-Anlage
- Küche mit Doppelspüle, Gasherd, Mikrowelle, Kühlschrank
- Bad mit Badewanne, Waschmaschine
- Bettzeug, Handtücher, Haushaltswäsche, Regale und Schrankraum

Kontakt

Marta Lavigne
c/o Loc'o Brain Montmartre
F – 75018 Paris
Telefon +33-(0)6-63153204
lavigne.marta@gmail.fr

Kategorie	Apartment/Ferienwohnung
Komfort	einfach
Sprachen	Deutsch, Französisch, Englisch (begrenzt: Italienisch, Spanisch)
Zimmer	Apartment für max. 5 Personen, ab EUR 55/Tag Option: Garage im Haus EUR 14/Tag
Verpflegung	Selbstverpflegung
Anbindung	nächster Bahnhof: Gare du Nord/Gare de l'Est, 10 km nächster Flughafen: Roissy CdG, 24 km

Weitere Informationen

5 Minuten zu Fuß von Sacré Cœur, 10 Minuten von Pigalle, 20 Minuten vom Antiquitäten- und Flohmarkt St. Ouen, drei Buslinien, Métro 4 und 12. Cafés, Bistros, Restaurants, Boutiquen aller Arten, vom ganz Touristischen bis zum Geheimtipp. Französische Küche vom »Terroir« im Weinlokal gleich gegenüber.

Marta Lavigne

Gibt es in Paris eine inspirierendere Ecke als den Montmartre? Ehemals ein wildes Viertel, das der Diebe, Mörder, Verschwörer, Huren und Dichter, verführt es heute eher friedlich mit seiner vielfältigen Lebendigkeit. Doch in Mauern und Gässchen vibriert noch die Geschichte. Kommen deshalb zu uns immer wieder Schriftsteller und Musiker? Vor kurzem wurde hier ein Krimi verfasst (Y. P. Delachaux), zur Zeit ist ein Drehbuch in Arbeit (S. Bischoff).

Tja, die Filmhochschule ist auch gleich um die Ecke, mit etwas Glück können Sie sich spontan für den Tag als Statist engagieren lassen …

Opernsänger, wie z. B. Oleg Bryzak und Alexander Graf, für die Dauer einer Produktion in Paris engagiert, dürfen gerne bei uns auch vor Ort üben; das Studio ist gut isoliert. Im Stil ist das Studio ganz einfach gehalten.

Denn wir gehen davon aus, dass Sie raus wollen, um Stadt, Leute, Kultur, Gastronomie zu erleben! Dass Ihnen ein paar Tage lang unsere subtilen Naturtöne, unsere raffinierte Grauskala, unsere spielerische Harmonie, unsere Tagesdecke mit Vornamen Olga egal sein dürften … Dass Sie Ihr Geld lieber nicht für unsere Innendekoration ausgeben! Sie wollen doch etwas davon behalten – Eindrücke, Ausdrücke, viel zu erzählen!

Tipps

Ich empfehle in nächster Nähe: Das »Musée de l'Art Brut«, ein übersichtliches, aktuelles Museum mit abwechslungsreichen Ausstellungen und einer phantastischen Kunstbuchhandlung; gleich daneben die »Halle St. Pierre«, ein 5-stöckiges Stoffkaufhaus, wo sich auch Modeschöpfer und Kostüm-Designer ihre Ideen holen. In der Nähe der bunte Rotlichtdistrikt Pigalle und der wunderschöne Cimetière de Montmartre, der Ihnen einen Abriss französischer Architekturgeschichte in Miniaturform bietet. Dort finden Sie die Gräber von Berlioz, Degas, Zola, François Truffaut, Michel Berger oder Dalida inmitten stiller Natur. Gehen Sie zum Abschluss dann »Fruits de mer« (Meeresfrüchte) essen im »La Mascotte«, korsisch im »Le Lamarck« oder mit traditioneller Küche aus der Auvergne in »Au Clocher de Montmartre«. Und vergessen Sie auf diesem Rundgang auf keinen Fall Ihre Kamera, mit viel viel Speicherplatz.

Die Kunstpädagogin und Reisebuchautorin Waltraud Pfister-Bläske führt mit »Paris individuell« durch die Metropole (Tel. +33-(0)1-47259475, www.paris-infoweb.de).

Und wen lernen Sie dann bei der Ankunft fast als erstes kennen? Zu meiner Person: Ich habe auf künstlerischem Gebiet schon einiges geleistet, als Schauspielerin, Songwriter, Sound Designer, Producer, und immer noch als Voice-Over-Artist, Autorin und Übersetzerin (Untertitel, Drehbücher und Theaterstücke). Nun ja, ich treffe gern interessante neue Menschen, und Sie gehören ja sicher dazu!

FOUR SEASONS RESORT PROVENCE

The Resort offers unique facilities to entertain all our guests on property:

Spa Villa of 3,300 m², two 18-hole golf courses, indoor and outdoor swimming pools and other sports facilities.

Totally equipped to welcome families, our Kids Club takes care of children from 2 to 12 and offers a wide choice of activities during school holidays (painting workshops, parrot shows, teen area, ponies, cooking class …).

The Concierge will also assist children and their parents in activities that will create special memories for the entire family: from a day at the beach to the visit of a renowned perfume factory in Grasse.

Contact

Mauro Governato
Domaine de Terre-Blanche
F – 83440 Tourrettes
Telephone: +33-(0)494-399000
reservation.provence@fourseasons.com
www.fourseasons.com

Category	Suites Villas Hotel
Comfort	high*****
Language/s spoken	French, English, Italian, German, Russian, Spanish, Portuguese, Arabic
Rooms	115 suites and villas
	Superior Suite, EUR 380 – 895/night
	Deluxe Suite, EUR 430 – 995/night
	Premier Suite, EUR 480 – 1,020/night
	Deluxe One Bedroom Villa, EUR 800 – 1,880/night
	Premier One Bedroom Villa, EUR 1,055 – 2,125/night
	rates are subject to modification
Catering	with breakfast
	café, bar and restaurant in the house
Access by (public) transport	next train station: Cannes, 40 km
	next airport: Nice Côte d'Azur International Airport, 56 km

Further information

Located just outside the villages of Tourrettes and Fayence, only 45 minutes from Nice Côte d'Azur Airport and 30 minutes from Cannes, the Resort lies within the Domaine de Terre-Blanche, a beautiful and secluded corner of Provence that links the mountains to the sea.

Set inland, the Resort is surrounded by the ancient and authentic villages of Callian, Seillans, Fayence and Montauroux, all offering the ambiance of French countryside with its local markets and souvenir shops.

From a distance the resort itself has the appearance of an old village. With the shopping and nightlife of Saint Tropez (www.saint-tropez.fr), Cannes and Monte Carlo accessible in less than an hour, Four Seasons Resort Provence is also the perfect gateway to the French Rivièra.

Mauro Governato

Combining stone, wood and light, Wolfgang Neumayer's architecture at the Four Seasons Provence at Terre-Blanche is so integrated within nature that you forget whether you are inside or outside while you are exploring. With a private art collection of more than 100 pieces, the artwork seems to have blended naturally into this space – sculptures and paintings appearing suddenly down a hall or corridor. Provence has always been a refuge for artists and the hotel resembles a museum that our clients can discover by simply strolling around.

The aim of the owner, Mr Detmar Hopp, was to offer the guests a series of unique experiences that have never been offered before in this form. The artistic concept pays tribute to the extensive art history in Provence.

Tips

Hotel tour program: Fayence and its Provencal market; Seillans and its shaded terraces; Callian and its castle; Montauroux and the Christian Dior Chapel; Tourrettes and the old walls.

Several museums in the area like the Musée National Marc Chagall and Musée Matisse in Nice, the Musée Picasso in Antibes and the Musée Renoir in Cagnes s/Mer.

Stefen Kern's bronze, copper and aluminium rings are spread out over the stones in the entrance hall. Turning around a corner, you'll find Arman's violins. Further away, »Les animaux accouplés« (mating animals), a bronze statue by Masson, stands alone on a stone floor. Behind a glass pane at each end of an open corridor stands a stone wall above a pebbled path ...

Contemporary paintings are part of this amazing collection, too: Harsh colours and wild abstract art bursts into life on the walls. Discover Cäsar W. Radetzky, Stefan Wehmeir, William Quinn, and Herbert Brandl by moving from one room to another. From the seats to the lamps, the tables to the bathroom basins, the interior design is meticulously contemporary and comes from art studios around the world.

No hotels or resorts are similar to the Four Seasons Provence regarding the art theme!

HOTEL WINDSOR

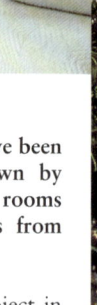

The hotel has 29 rooms which have been designed by an artist well known by contemporary art lovers. Other rooms are more romantic with frescoes from Antoine Baudoin.

Each year, discover a new art project in the hotel: lift, corridor, installations … Moreover, each winter, we ask an artist to transform the lobby, the bar or the restaurant …

Contact

Hotel Windsor
11 rue Dalpozzo
F – 06000 Nice
Telephone +33-(0)493-885935
contact@hotelwindsornice.com
www.hotelwindsornice.com

Category	Hotel
Comfort	intermediate***
Language/s spoken	French, English
Rooms	57 double/twin rooms, from EUR 90/night for 2 people, from EUR 78/night for 1 person familiy unit, from EUR 140/night
Catering	with breakfast, half pension café, bar and restaurant in the house
Access by (public) transport	next train station: Nice, 0.6 km next airport: Nice, 6 km

Every year, we receive musicians from the Manca Festival, theater troups, artists from everywhere.

In summer, breakfast and dinner are served in the garden among bamboos and bougainvilleas. Large choice of products on the buffet: vegetables, ham, cheese, fruits, cereals, french pastries …

Continental breakfast served in the room. In winter, you can have dinner in the lounge bar, near the fireplace. Delightful Mediterranean cooking with fresh seasonal products.

Enjoy our Wellness Center: Fitness, Steambath, Sauna, Balnéo. Wellness Massages, facial and body treatments on demand.

Tips

A lot of museums, most of them are free in Nice. Jazz Festival, Carnival, regular exhibitions…

Further information

The Hotel Windsor belongs to BOTOX, a contemporary art network that facilitates art diffusion and manages specific projects. Therefore, the Windsor may take part in common exhibitions, shared between different places.

Besides art, the Windsor Hotel is also involved in the innovation program »Homes« which experiments with new methods optimizing the energy consumption without loss of comfort.

DER TEUFELHOF BASEL

Wir verzaubern unsere Gäste mit vielfältigen Facetten auf den Gebieten Gastronomie, Hotellerie und Kultur.

Der Teufelhof Basel bietet zwei Restaurants, das Gourmetrestaurant »Bel Etage« sowie das neue Restaurant »Atelier«.

Abgerundet wird das lukullische Angebot mit »Kaffee & Bar« sowie dem Weinladen »falstaff«, beides eingebettet in die historischen Basler Stadtmauern aus dem 11. und 13. Jahrhundert.

Museums-Pauschale: Übernachtung im Galeriehotel, Frühstück, Eintritte in sämtliche Ausstellungen der Basler Museen und in über 90 Museen im Dreiland und das Mobility Ticket für den öffentlichen Verkehr in Basel.

Theater-Kombis: Menüs im »Atelier« und im »Bel Etage« in Kombination mit Theatereintritt.

Kontakt

**Raphael Wyniger &
Nathalie Reinhardt**
Leonhardsgraben 49
CH – 4051 Basel
Telefon +41-(0)61-2611010
info@teufelhof.com
www.teufelhof.com
www.teufelhof.tv

Kategorie	Hotel/Gasthaus
Komfort	mittel***
Sprachen	Deutsch, Englisch, Französisch
Zimmer	29 DZ, EUR 175 – 248/Übernachtung für 2 Personen,
	EUR 125 – 178/Übernachtung für 1 Person
	4 Suiten, EUR 270 – 378/Übernachtung
	Familienzimmer auf Anfrage, Zustellbett kostenlos
Verpflegung	Ü, ÜF
	Café, Bar und zwei Restaurants im Haus
Anbindung	nächster Bahnhof: Basel SBB, ca. 1,4 km
	nächster Flughafen: Basel, Mulhouse, Freiburg,
	9 – 10 km

Fotos: Friedel Ammann

Weitere Informationen

Was in Basel wirklich keine Kunst ist, ist Kunst und Kultur zu entdecken: Sie prägen das Stadtbild wie kaum in einer anderen Stadt. Deswegen nennt man Basel auch die Kulturhauptstadt der Schweiz. Kunst begegnet einem nicht nur überall beim Bummeln durch die Stadt, sondern auch in der Vielfalt der Museen.

Vom Puppenhausmuseum am Barfüsserplatz über das Schweizerische Architekturmuseum am Steinenberg bis hin zur Fondation Beyeler in Riehen mit ihrer einzigartigen Sammlung der klassischen Moderne und spektakulären Sonderausstellungen sind Ihnen inspirierende Museumsaufenthalte auf höchstem Niveau gewiss.

Raphael Wyniger & Nathalie Reinhardt

»Der Teufelhof Basel« ist eine einzigartige Hotelwelt mit 33 Räumlichkeiten von jeweils ganz besonderem Charakter. Sie befinden sich entweder im historischen Gebäude – wir nennen es Kunsthotel – oder im moderneren Teil des Hauses, dem Galeriehotel.

Das Kunsthotel verfügt über acht Zimmer und eine Suite, welche alle als bewohnbare Kunstwerke kreiert sind. Im Galeriehotel mit 18 Zimmern, drei Junior Suiten und drei Suiten finden wechselnde, thematisch gegliederte Ausstellungen statt.

Weitere Schwerpunkte des Kulturangebotes bilden das klassisch verspielte Theater und die diversen Kunstwerke, die im und um das Haus bestaunt werden können.

Mit dem Teufelhof wollen wir Vermittler sein: Theaterbesucher sollen auf die Esskultur und die bildende Kunst aufmerksam werden; Gourmets möchten wir auf die Theaterarbeit, die Kunstzimmer

Tipps

Fondation Beyeler (www.fondationbeyeler.ch)
Kunstmuseum Basel (www.kunstmuseumbasel.ch)

Foto: Dominique Thommy

und Ausstellungen neugierig machen; und wer Kunstinstallationen bewundert, soll auch die Koch- und die Bühnenkunst schätzen lernen.

Der Gast soll bei uns Partner sein. Partner auf einer gemeinsamen Entdeckungsreise durch die Gastronomie, die Hotellerie und die Theater- und Kunstwelt.

HOTEL CASTELL

Das Castell entspricht einem Gesamtkunstwerk mit ausgewogenen Komponenten aus zeitgenössischer Kunst, Design, Wellness und Kulinarik.

Die Terroir-Küche mit Seitenblicken in den nahen und fernen Orient ist authentisch, frisch und ideenreich und lässt den Gast auch bei längeren Aufenthalten täglich Neues entdecken.

Zum Programm gehören die wöchentliche Kunstführung durch die Sammlung von Ruedi Bechtler, die Kinovorstellungen im hauseigenen Studiokino, die tägliche Lichtshow im Skyspace von James Turrell, die geführten Wanderungen mit dem Bewegungscoach und natürlich der Wellnessbereich mit dem Hamam und den Massagen und Treatments im Rhythmus des Mondes. Im Winter ist das Castell eines der einzigen Häuser im Engadin mit direktem Anschluss an das Skigebiet direkt vor der Haustüre.

Kontakt

Hotel Castell
Via Castell 300
CH – 7524 Zuoz
Telefon +41-(0)81-8515253
info@hotelcastell.ch
www.hotelcastell.ch

Kategorie	Hotel
Komfort	hoch
Sprachen	Deutsch, Französisch, Englisch, Italienisch
Zimmer	60 DZ, ab CHF 230/Übernachtung für 2 Personen, ab CHF 161/Übernachtung für 1 Person
	5 Junior Suiten, ab CHF 380/Übernachtung
	3 Familienzimmer, Preis auf Anfrage
Verpflegung	ÜF, HP
	Bar und Restaurant im Haus
Anbindung	nächster Bahnhof: Zuoz, 2 km (Transfer mit dem Hotelbus)
	nächster Flughafen: Zürich, 205 km

Weitere Informationen

Das Oberengadin bietet eine Fülle von Möglichkeiten zwischen kulturell und alpinistisch.

Das Castell liegt in wohltuender Distanz zum trubeligen St. Moritz und alleine mitten in der Natur. Von hier aus lassen sich herrliche Ausflüge im ganzen Engadin unternehmen. Der einzige Nationalpark der Schweiz mit seinem Tier- und Pflanzenreichtum ist nur wenige Minuten entfernt.

Silvan & Melanie Auf der Maur

Das 1912 erbaute Castell wurde im Jahr 1996 von Ruedi Bechtler gekauft, einem der bedeutendsten Sammler zeitgenössischer Kunst. Ruedi Bechtler brachte nicht nur einen Teil seiner Sammlung ins Castell, welche öffentlich zugänglich in allen Bereichen des Hotels zu sehen ist, sondern es gelang ihm, ein einzigartiges und inspirierendes Haus zu schaffen. So sind hier Werke von Peter Fischli & David Weiss, Roman Signer, Simon Starling, Carsten Höller, Pippilotti Rist, Christine Streuli, David Shrigley, Thomas Hirschhorn und vielen mehr zu sehen.

Mit den Installationen von Pippilotti Rist (Rote Bar), Tadashi Kawamata (Felsenquellensauna und Terrasse) und James Turrell (Skyspace Piz Uter) entstand zudem eine einmalige künstlerische Erlebniswelt. 2004 wurde das Hotel renoviert, ohne den Charme der Belle Epoque zu verlieren. Alle 68 Zimmer wurden komplett umgebaut. Somit entstand eine eigene Design-Welt zwischen urban und rural im Spannungsfeld mit den historischen Gegebenheiten, welche respektvoll bewahrt wurden.

Ebenfalls wurde der erste Hamam im Alpenbogen geschaffen, eine sinnliche Entspannungswelt auf 250 m² als moderne

Tipps

Im ganzen Oberengadin findet sich eine Vielzahl von Museen und Galerien. Ein Besuch der beiden bekannten Galerien in Zuoz gehört zum Pflichtprogramm für jeden Kunstinteressierten.
Die Kunstsammlung im Castell ist auch für auswärtige Gäste zugänglich.
Zuoz als das besterhaltene Oberengadiner Dorf bietet viel Kulturgeschichtliches, welches bei den wöchentlichen Führungen zu erfahren ist.

Interpretation dieser orientalischen Dampftradition. Seit 2009 bereichert ein eigenes Studio-Kino das Castell, in welchem wöchentlich spannende Filme gezeigt werden.

Mit dieser Kombination aus Kunst, Design und Tradition entwickelte sich das Castell zu einem wichtigen Treffpunkt der »neuen kreativen Klasse«. Diese fröhliche Hotelwelt mit Stil bietet die Möglichkeit eines unprätentiösen Rückzugsortes im Kreise spannender Gäste.

HOTEL/RESTAURANT/KULTUR
PIZ TSCHÜTTA

Vnà, das Engadiner Bergdorf auf 1.650 m ü.M., liegt auf einer der sonnigsten Terrassen des Unterengadins mit wunderbarer Aussicht auf die Berge.

Die Zufahrtsstraße ist im Sommer wie im Winter bestens unterhalten. Im Gast- und Kulturhaus Piz Tschütta stehen den Gästen neun Zimmer zur Verfügung, weitere Zimmer sind in anderen Liegenschaften des Dorfes verteilt. Gerne geben wir Ihnen dazu persönlich Auskunft – ein Anruf oder Ihre Anfrage per Mail genügt. Allen Gästen von Vnà gemeinsam steht das Gast- und Kulturhaus Piz Tschütta mit seinem Restaurantangebot, zwei Stüblis, einer Ustaria und seinem Kulturangebot (Cultura) als Begegnungszentrum zur Verfügung.

Ob im Sommer oder Winter: Vnà ist ein wunderbarer Ausgangspunkt für schönste Wanderungen, Skitouren oder für große oder kleine Ausflüge durch die Kulturlandschaft des Engadins.

Kontakt

Urezza Famos & Ute Reinmann
Bügl Grond
CH – 7557 Vnà
Telefon +41-(0)81-8601212
info@hotelvna.ch
www.hotelvna.ch

Kategorie	Hotel
Komfort	hoch
Sprachen	Deutsch, Italienisch, Englisch, Polnisch, Romanisch
Zimmer	9 EZ, CHF 134/Person
	9 DZ, CHF 109 – 124/Person
	3 Familienzimmer,
	nach Absprache ab CHF 248/Familie
Verpflegung	Ü, ÜF, HP, VP
	Café, Bar und Restaurant im Haus
Anbindung	nächster Bahnhof: Scuol, 20 km
	nächster Flughafen: Innsbruck, 122 km

Tipps

Vouta bietet bekannten Theaterschaffenden, Kabarettisten, Musikern, Schriftstellern und Filmemachern eine Plattform für Veranstaltungen, die sonst im Unterengadin kaum Raum finden würden (Lavin, Tel. +41-(0)81-8663784, www.lavouta.ch).

Auch die Grotta da cultura in Sent bietet ein reichhaltiges Kulturprogramm (Tel. +41-(0)81-8641544, www.sent-online.ch/cultura/index.html).

Die Destination liegt im Schweizerischen Nationalpark. Ziele und Aktivitäten finden sich unter www.nationalpark.ch, Tel. +41-(0)81-8514141.

Die Ferienregion Engadin Scuol setzt auf Ferien ohne Auto und damit den öffentlichen Verkehr. (Tel. +41-(0)81-8612222, www.scuol.ch).

NAIRS, das internationale Künstlerhaus und Kulturzentrum für zeitgenössische Kunst in Scuol, befindet sich im ehemaligen Kurmittelhaus gegenüber der Trinkhalle Tarasp am Ufer des Inn. In NAIRS leben und arbeiten gleichzeitig bis zu zehn Künstlerinnen und Künstler verschiedener Sparten und internationaler Herkunft (Tel. +41-(0)81-8647288 und +41-(0)81-8649802, www.nairs.ch).

Weitere Informationen

Die Kultur- und Naturlandschaft in der Region Vnà ist eine der reichsten unseres Landes und hat eine vielfältige Tier- und Pflanzenwelt. Diese zu entdecken ist auch im Sommer eine Freude für Jung und Alt.

Urezza Famos & Ute Reinmann

Urezza Famos hat einen Master in Kunst- und Kulturmanagement (MAS Uni Basel) abgeschlossen. Sie ist zudem aktiv in diversen Stiftungräten für Kulturinstutionen. Unter anderem auch für die Fundaziun NAIRS, Zentrum für Gegenwartskunst in Scuol; dieses hat sie in den letzten Jahren mit ihrem Mann aufgebaut. Der Architekt und Baukünstler hat das Haus Piz Tschütta umgebaut. Famos ist auch Verlegerin eines Kulturmagazins für Südbünden (www.pizmagazin.ch).

Ute Reinmann hat Literatur studiert und unterrichtet. Sie ist sehr bewandert in allen Fragen der Literatur, aber auch der Musik und zudem eine große Kennerin der Botanik und Naturliebhaberin.

Das Gast- und Kulturhaus Piz Tschütta zeichnet sich durch hohe architektonische Qualität aus. Kunstausstellungen und Kulturveranstaltungen im Haus beleben diesen Ort der Begegnung und des Austausches. Die Ruhe, das warme Ambiente, die gute Küche, die Menschen im Haus – sie alle tragen dazu bei, dass Gäste aus verschiedensten Ländern, Kulturinteressierte, Wanderer und Genießer sich bei uns wohlfühlen. Die Region Unterengadin ist eine Entdeckung wert und noch sehr authentisch, belebt mit einer Vielfalt an kulturellen Veranstaltungen.

HOTEL ALTSTADT

Das Hotel Altstadt verbindet Kunst und Literatur zu einem einzigartigen neuen Hotelkonzept.

Seit nunmehr 10 Jahren ist das mitten im Herzen von Zürich gelegene Hotel Altstadt ein Fixstern der Stadtzürcher Hotellerie. Nun erstrahlt das aparte Stadthotel in neuem Glanz. Es wurde aber nicht nur da und dort etwas modernisiert. Im Gegenteil, die sorgfältige Renovation des geschichtsträchtigen Altstadthauses folgte einem klaren, wenn auch ungewöhnlichen

inhaltlichen Konzept: In Zusammenarbeit mit dem Künstler H. C. Jenssen entstand das erste Hotel, das Kunst und Literatur auf einzigartige Art und Weise verbindet, und für jeden Gast unmittelbar erlebbar macht.

Von Franz Hohler über Hugo Loetscher und Urs Widmer bis hin zu Jürg Federspiel und Illma Rakusa haben die großen Namen der zeitgenössischen Literatur dem Künstler H. C. Jenssen handschriftliche Texte zur Verfügung gestellt, die sie selbst auf seine Bilder geschrieben

Kontakt

Liz Reichenbach
Kirchgasse 4
CH – 8001 Zürich
+41-(0)44-2505353
service@ hotel-altstadt.ch
www.hotel-altstadt.ch

Kategorie	Hotel***
Komfort	mittel
Sprachen	Deutsch, Englisch, Französisch, Spanisch
Zimmer	11 EZ, CHF 210 – 300/Übernachtung
	14 DZ, CHF 280 – 320/Übernachtung
	1 Suite mit Dachterrasse, CHF 365/Übernachtung
	Zustellbett CHF 40/Übernachtung
Verpflegung	ÜF
	Café und Bar im Haus
Anbindung	nächster Bahnhof: Zürich, 850 m
	nächster Flughafen: Zürich, 10 km

haben. Diese unverwechselbaren Kunstwerke geben nun dem Hotel Altstadt visuell und inhaltlich einen ganz eigenen Charakter. Hier gibt es keine »Hotelkunst« mehr, wie die langweilige Wanddekoration andernorts genannt wird. Hier wird das Hotel zum Raum für die Kunst. Die 25 schmucken Zimmer tragen auch keine bloßen Nummern mehr. Ein jedes ist namentlich einer Autorin oder einem Autor gewidmet und mit den entsprechenden Bildern bestückt. Die zeitgemäß frische Möblierung ist in Design und Farbgebung gekonnt darauf abgestimmt. Vertieft wird das Erlebnis des Gastes zusätzlich noch dadurch, dass in jedem Zimmer sämtliche Werke der entsprechenden Dichter/innen aufgelegt sind. Passend steht das ganze Haus unter dem Motto »Wo Geschichten beginnen«.

Entsprechend entstehen bei den Gästen rasch individuelle Bezüge und Vorlieben. Bereits gibt es jene, die ihre Nächte ausdrücklich nur mit Franz Hohler verbringen möchten. Oder andere, die einfach am besten bei Felicitas Hoppe einschlafen.

Liz Reichenbach

Anders logieren im Altstadt Hotel im Herzen von Zürich – das kam so: Seit Jahren arbeitet der in Zürich lebende Künstler H. C. Jenssen mit bedeutenden zeitgenössischen Schriftstellerinnen und Schriftstellern zusammen. Diese Zusammenarbeit erklärt er so: »Ich borge mir die Fantasie eines Dichters und versuche zusammen mit meiner Vorstellungskraft das gelesene Bild zu meinem eigenen zu machen, indem ich es auf der Leinwand neu erfinde.«

Bei einer Ausstellungsvernissage suchte Liz Reichenbach, die Besitzerin des Altstadt Hotels, das Gespräch mit H. C.

Tipps

K3 ist ein von Künstlern betriebener Projektraum und Studio ohne geregelte Öffnungszeiten (K3 Project Space, Maag Areal, Hardstraße 219, www.k3zh.ch).

Aoife Rosenmeyer veranstaltet regelmäßig Kunst-Talks Art + Argument (www.artandargument.blogspot.com).

Auf jeden Fall lohnt das Kunsthaus Zürich einen Besuch (Winkelwiese 4, Tel. +41-(0)44-2538484, www.kunsthaus.ch).

Aktuelle Kultur-Informationen finden sich stets unter www.stadt-zuerich.ch/kultur/de/index.html.

Kultur spezieller Art bietet die traditionsreiche Confiserie Sprüngli – die Luxemburgerli sind ein Muss (www.spruengli.ch)!

Jenssen, um herauszufinden, ob dieses Konzept nicht auch für außergewöhnliche Hotelzimmer geeignet wäre. Aus dem Gedanken wurde eine Idee – und aus dieser Wirklichkeit: In den Zimmern des Altstadt Hotels entstanden nach und nach Bildkompositionen zum Schauen und Lesen, welche H. C. Jenssen gemeinsam mit Schriftstellern erarbeitet. Und damit die Gäste ihre Eindrücke lesend oder schmökernd noch weiter vertiefen können, sind die Zimmer mit den Werken der jeweiligen Autorin bzw. Autors ausgestattet. Zu denen gehören u. a. Jürg Federspiel, Felicitas Hoppe, Franz Hohler, Oskar Pastior, Hanns Dieter Hüsch, Ludwig Harig, Kwan-Kyu Kim, Eugen Gomringer und Jürg Schubiger.

ALTSTADT VIENNA

Das Altstadt Vienna ist ein 4* Boutique-hotel, das sehr individuell gestaltet ist.

Es gibt ein reichhaltiges Frühstücksbuffet, kostenlosen Tee und hausgemachten Kuchen am Nachmittag im Salon mit offenem Kamin.

Kontakt

Otto Ernst Wiesenthal
Kirchengasse 41
A – 1070 Wien
Telefon +43-(0)1-5226666
hotel@altstadt.at
www.altstadt.at

Kategorie	Hotel
Komfort	hoch****
Sprachen	Deutsch, Englisch, Französisch, Spanisch, Italienisch
Zimmer	1 EZ, ab EUR 119/Übernachtung
	17 DZ, ab EUR 139/Übernachtung
	8 Suiten, ab EUR 239/Übernachtung
	2 Familienzimmer, ab EUR 239/Übernachtung
	6 Junior-Suiten, ab EUR 169/Übernachtung
	8 DZ Design Matteo Thun,
	ab EUR 169/Übernachtung
Verpflegung	ÜF
	Café und Bar im Haus
Anbindung	nächster Bahnhof: Wien Westbahnhof, 2 km
	nächster Flughafen: Wien Schwechat, 25 km

Tipps

Im Spittelbergviertel findet man zahlreiche ausgezeichnete Restaurants. Nicht nur Wiener Küche wird geboten, auch nette Italiener und tolle Restaurants mit Fusionsküche.

Im Museumsquartier befindet sich das berühmte Leopold Museum sowie das MUMOK (www.mqw.at).

Des Weiteren ist der 7. Bezirk bekannt für die vielen kleinen Galerien und Boutiqueläden (www.7tm.at).

Heurigenlokalitäten moderner Art:
- Weinrestaurant Hajszan, Grinzinger Straße 86, (www.hajszan.com)
- Christ, Amtsstraße 12 – 14 (www.weingut-christ.at)
- Göbel, Stammersdorfer Kellergasse 151 (www.weinbaugoebel.at)
- Wiltschko, Wittgensteinstraße 143 (www.weinbau-wiltschko.at)

Weitere Informationen

Das Altstadt Vienna liegt im Spittelbergviertel, nahe der Ringstraße, ca. 5 Gehminuten vom Museumsquartier und 15 Gehminuten von der Hofburg entfernt. Somit ist es ein optimaler Ausgangspunkt für Spaziergänge in das historische Zentrum Wiens oder zur längsten Wiener Einkaufsstraße, der Mariahilferstraße.

Otto Ernst Wiesenthal

Kunst, verbunden mit Charme und Einzigartigkeit – so lautet das Erfolgsrezept des Boutiquehotels Altstadt Vienna.

Seit der Eröffnung im Jahre 1991 hat sich das Haus im Künstlerviertel Wiens zum Treffpunkt von Kunstliebhabern, der Film- und Musikszene, sowie von Individualreisenden, die ein charaktervolles Haus mit ausgezeichnetem Service suchen, entwickelt.

42 Zimmer und Suiten sind auf fünf Stockwerke verteilt. Und anders ist jede Etage, anders jedes Zimmer. Bequeme, farbenprächtige Designermöbel, honig-glänzendes Parkett und ungewöhnliche Lichtobjekte machen jeden Raum zum sehr persönlichen Wohnzimmer. Jedes Zimmer hat Wiener Charme – sei es eher modern oder traditionell. Otto Ernst Wiesenthals Sammlung für zeitgenössische Kunst verteilt sich auf alle Räumlichkeiten des Hotels, mit viel Feingefühl und manchmal auch einer Prise Humor. Bilder von Helnwein, Prachensky, Atanasov, Warhol etc. werden noch durch Leihgaben der Wiener Museen ergänzt.

Im Oktober 2006 wurden im Altstadt Vienna acht elegante Designzimmer des italienischen Stararchitekten Matteo Thun eröffnet. Diese spiegeln mit ihrem dunklen Parkett, pompösen Lüstern und rotem Samtmobiliar das Flair des frühen 20. Jahrhunderts wider.

Hotelchef Otto Ernst Wiesenthal holte sich 2008 einen neuen Design-Star an Bord. Das junge Label POLKA (Designerduo Monica Singer und Marie Rahm) hat zwei Zimmer im Altstadt Vienna ausgestattet, die vor allem durch ihre ruhig fließende Eleganz bestechen.

GUT GASTEIL

**Naturholzmöbel – strenges Design, Tischlerarbeit. Betten mit Lattenrost, Natur-
latexmatratzen, Schafwollauflagen und Schafwolldecken.**

Die Zimmer ausgestattet von der Galerie Gut Gasteil mit Bildern und Skulpturen internationaler Künstler bieten die Möglichkeit, die jeweiligen Werke ganz in Ruhe wirken zu lassen oder einfach nur einen oder mehrere Tage im schönen Gut Gasteil zu verbringen.

Gutes Licht zum Lesen und Schreiben, alte Kachelöfen, Holzdecken und Parkettböden in jedem Zimmer.

An den Wochenenden von Mai bis Oktober bieten wir ein Biobuffet.

Kontakt

Charlotte Seidl
Gasteil 1
A – 2640 Prigglitz
Telefon +43-(0)2662-45633
seidl@gutgasteil.at
www.gutgasteil.at

Kategorie	Privat/Gästezimmer
Komfort	mittel
Sprachen	Deutsch, Englisch
Zimmer	2 EZ, EUR 25 – 35/Person
	3 DZ, EUR 25 – 35/Person
	1 Familienzimmer, EUR 25 – 35/Person
Verpflegung	ÜF
	Café und Bar im Haus
Anbindung	nächster Bahnhof: Gloggnitz, 8 km
	nächster Flughafen: Wien Schwechat, 80 km

Weitere Informationen

Die kleine Ortschaft Prigglitz ist in einer idyllischen Wanderlandschaft gelegen, Rax und Schneeberg (2.000 m) sind in der Region, das romantische Höllental, die Semmeringbahn, das Looshaus, Biohotels, Berghütten und Radwege leicht erreichbar. Wien ist eine Auto- oder Zugstunde nahe.

Charlotte Seidl

Gut Gasteil wurde von 1920 bis 1924 vom Wiener Rechtsanwalt Silberberg nach den Plänen des Architekten Hubert Gessner erbaut. 1988 übernahm das Künstlerehepaar Charlotte und Johannes Seidl den Besitz.

Die Seidls, beide freiberuflich tätige Bildhauer, haben seit 1989 Gut Gasteil zu einem Ort der Kunst ausgebaut: »Zeit haben für Kunst«, eine Zimmergalerie zum Wohnen mit jährlich wechselnden Ausstellungen. Im Galeriebetrieb laufen vier Ausstellungen jährlich.

Zu uns kommen Menschen, die das einfache Leben genießen, sich für Kunst interessieren und Ruhe suchen.

Tipps

Looshaus am Kreuzberg (www.looshaus.at)

KultURsprung (www.kultursprung.at)

Biohotel Wagner und Hotel Panhans am Semmering

KUNST IN DER NATUR

Fotos: Armin Bardel

Ein großer Raum im ersten Stock, der mit Leichtbauwänden unterteilbar ist. Blick gen Süden und über das Horner Becken.

Verpflegung mit regionalen biologischen Produkten möglich. Kunstsymposium. Musik-, Tanz- und Theaterveranstaltungen im Sommer; Workshops; Kunstführungen; Biotop.

Weitere Informationen

Luftkurort Gars am Kamp:
- Schwimmbad
- Ruine Schimmelsprung mit herrlichem Ausblick auf Gars und archäologische Grabungen (ca. 2 km vom Wachtberg entfernt)

Kontakt

Dieter & Helene Graf
Am Wachtberg
A – 3571 Gars am Kamp
Telefon   +43-(0)664-9707740
          +43-(0)664-4122744
gabriel.ananda@gmx.at
www.kunstindernatur.com
www.wachtberg.org

Kategorie	Privat/Gästezimmer
Komfort	einfach
Sprachen	Deutsch, Englisch, Französisch
Zimmer	großer unterteilbarer Raum, max. 12 Personen, EUR 18/Person
Verpflegung	Selbstverpflegung
	Verpflegung mit regionalen Produkten auf Anfrage
Anbindung	nächster Bahnhof: Gars am Kamp, 5 km
	nächster Flughafen: Wien Schwechat, 80 km

          P

Dieter & Helene Graf

Der Platz liegt abgeschieden mitten in der Natur. Durch den permanenten Kontakt mit Natur und die Freude am Gestalten mit Freunden und Bekannten wurde der Platz zu einer Drehscheibe für Kultur, Kunst und Unterhaltung. Das Hauptaugenmerk gilt und galt der Bildenden Kunst, vor allem Art in Nature, also das Arbeiten mit den natürlich gegebenen Materialien und dem Landschaftsbild. Der Kunstwanderweg erstreckt sich mittlerweile über 10 km durch die anliegenden Wiesen, Wälder und Dörfer.

»Kunst in der Natur« entstand aus dem Gedanken heraus, Künstlern und Freunden einen Platz zu bieten, um künstlerisches Gedankengut auszutauschen und kreative Arbeiten zu ermöglichen, miteinander Musik zu machen und die Natur zu genießen. Ein Besuch im Crystle Park in Großbritannien ermutigte uns dann schlussendlich, das Projekt in Angriff zu nehmen.

Die natürlichen Materialien wie Lehm, Erde, Blätter, Moos und Äste, die in der Umgebung zu finden sind, stehen den Künstlern zur Verfügung und werden von einigen auch genutzt. Manche der Installationen sind daher der Vergänglichkeit preisgegeben und werden mit der Zeit wieder der Natur zurückgeführt. Andere Künstler nutzen die Zeit und den Raum, um Objekte entstehen zu lassen, die sich in die Umgebung natürlich einfügen. Manche wollen auch provozieren und lassen künstlerische Arbeiten entstehen, die einen Kontrapunkt in die Natur setzen. Schließlich ist Kunst nicht nur die Herstellung von Kunstobjekten, sondern vor allem auch die Wahrnehmungsfähigkeit von räumlichen, zeitlichen und gesamtheitlichen Möglichkeiten. Objekt-

Tipps
Opern Air Festspiele Gars am Kamp (www.opernair.at)
diverse Galerien in Gars, z. B. Savio (www.savio.at)
Kunsthaus Horn in Horn (www.kunsthaus-horn.at)

kunst, Landart und Geomantie sollen Landschaft und kulturelles Sein neu erlebbar machen.

Das Projekt »Kunst in der Natur« schafft Raum für Begegnung, Auseinandersetzung und multikulturelles Handeln. Jährlich finden hier auch Konzerte mit hervorragenden Musikern statt. Tanzperformances haben den Wachtberg belebt, indem national sowie international renommierte Tänzer ihr tänzerisches Vermögen auf der Bühne, im Wald sowie auch in Kunstwerken zeigten.

BIOHOF BESENBÄCK

Die Stille und Unberührtheit des Waldviertels ermöglichen den Einklang mit der Natur und mit sich selbst – abseits von Massen – zu erleben. Unser Hof und die vielfältige Landschaft garantieren Erholung und Abenteuer für Jung und Alt.

Der Biobauer Fritz Besenbäck beschäftigt sich seit Jahrzehnten mit Holzbildhauerei. Die Werkstatt ist für die Gäste offen. Wir bieten individuell gestaltete Holzschnitzkurse nach Ihren Wünschen an.

Für die Verpflegung können einige Bioprodukte direkt am Hof erworben werden.

Weitere Informationen

Das Waldviertel ist ein hügeliges, dünn besiedeltes Land an der Grenze, ganz im Norden. An den Südhängen des Donautals (Weltkulturerbe Wachau) und des Kamptals werden beste Weine gekeltert. In den Hochlagen des Waldviertels dominiert Land- und Forstwirtschaft.

Kontakt

Fritz & Judith Besenbäck
Kleinnondorf 4
A – 3911 Rappottenstein
Telefon +43-(0)2828-7140
biohof.besenbaeck@aon.at
www.biohof-urlaub.at

Kategorie	Apartment/Ferienwohnung auf dem Bauernhof
Komfort	hoch (4 Blumen)
Sprachen	Deutsch, Englisch
Zimmer	3 Ferienwohnungen für 2 – 6 Personen,
	ab EUR 45/Tag
	Endreinigung EUR 25
Verpflegung	Selbstverpflegung
Anbindung	nächster Bahnhof: Zwettl, 20 km
	nächster Flughafen: Linz, 90 km

Fritz & Judith Besenbäck

Natur, Kunst und Biolandwirtschaft ohne sichtbare Grenzen ineinander fließen zu lassen ist unsere Prämisse. Unser Hof ist unser Lebens- und Arbeitsraum, aber auch Raum für unser kreatives Potenzial.

Die räumlichen Freiheiten gestalterisch auszunutzen, aber auch der Versuch, diese in geistige und gedankliche Freiheiten umzuwandeln, ist unser ständiges Bemühen.

Die Formen der Natur anzunehmen, sie zu wandeln, anders zu ordnen ist das Eine. Der Versuch, der Natur Form und Formen zu geben bzw. zurückzugeben ist das Andere.

Hof, Steine, Bäume, Tiere, Skulpturen und Installationen sollen Teil dieser Gestaltung sein. In Summe soll ein harmonisches Bild beim Betrachter entstehen, welches die Sehnsucht nach dem »mit – er – leben« aufkommen lässt.

Tipps

Friedensreich Hundertwasser verbrachte einige Lebensjahre in unserer Region und hinterließ Spuren seines künstlerischen Schaffens.
Zahlreiche Burgen, Stifte und Schlösser sind Zeugen früherer Epochen.

PIXEL HOTEL

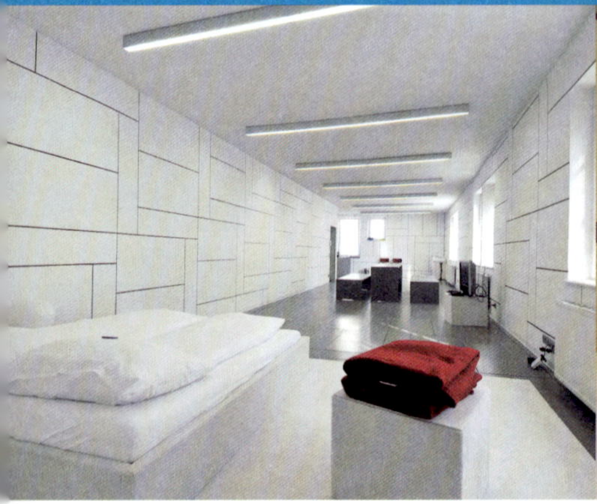

Eine Nacht im PIXEL HOTEL heißt, Linz »anders« kennenzulernen. So sucht sich der Gast beispielsweise auch selbst sein liebstes Frühstückscafé aus. Es gibt 12 Partner, da ist für jeden das Passende dabei.

PIXEL – die kleinste Einheit eines Hotels – hat als Vorzeigeprojekt im Kulturhauptstadtjahr 2009 begonnen. Durch den großen Erfolg wurde die geniale Idee, Hotelzimmer an unkonventionellen Orten anzubieten, fortgesetzt. Die sogenannten

PIXEL HOTEL-Zimmer gibt es an fünf Standorten in Linz, sie verteilen sich auf den gesamten Stadtraum. Hier liegt ein Zimmer in einer Textilpassage, dort eines in einer Hinterhofwerkstatt, ein anderes schaukelt auf einem Schiff. Alle Teile einer Stadt erzählen ihre Geschichte, und das PIXEL HOTEL bringt diese seinen Gästen näher. Die Stadt auf eine ganz besondere Art entdecken – Abenteuer und Architektur erleben – und das mit Hotelservice!

Kontakt

Betreiber: Hotel Kolping
Gesellenhausstraße 5a
A – 4020 Linz
Telefon +43-(0)650-7437953
linz@pixelhotel.at
www.pixelhotel.at

Kategorie	Hotel
Komfort	hoch
Sprachen	Deutsch
Zimmer	5 EZ/DZ
	3 der 5 Zimmer können mit Kindern belegt werden
	EUR 118/Übernachtung für 2 Personen,
	EUR 15/Übernachtung für jedes Kind
Verpflegung	Ü, ÜF
	Frühstück EUR 5/Person in einem der 12 Partnercafés
Anbindung	nächster Bahnhof: Linz, 1 km
	nächster Flughafen: Linz Hörsching, 13 km

Tipps

Ars Electronica Center (www.aec.at): Die interaktive Erlebniswelt. Im Gebäude mit der hell leuchtenden Animationsfassade sind spannende Ausstellungen zu digitaler Kunst und Technik zu Hause.

voestalpine Stahlwelt (www.voestalpine-stahlwelt.at): Interaktive, multimediale Erlebniswelt zum Thema Stahl. Ein begehbares Kunstwerk als Ort der Begegnung zwischen Technik und Mensch.

Lentos Kunstmuseum (www.lentos.at): Das Museum zeitgenössischer Kunst. Der eindrucksvollste, mit Naturlicht ausgestattete Ausstellungsraum Österreichs beinhaltet eine der besten Kunstsammlungen der Republik.

Tanztage im Posthof (www.posthof.at): Neben feinstem Pop, Rock, Kabarett, Literatur und Theater wird der Posthof am Linzer Hafen einmal im Jahr zum Universum des internationalen zeitgenössischen Tanzes. Mittlerweile fixer Bestandteil der österreichischen Tanzfestivalszene, treten bei den »Tanztagen« im Posthof im März und April internationale Top-Ensembles, zum Teil in österreichischer Erstaufführung, auf.

www.linzlabyrinth.at: Shoppen & Co abseits der Linzer Hauptpfade

Weitere Informationen

»Linz.verändert«, so lautet der Slogan von Linz, der Stadt an der Donau, in der es viel zu entdecken gibt. Linz war nicht nur im Jahr 2009 Kulturhauptstadt Europas, sondern hat sich von der grauen Industriestadt hin zur strahlenden und wirtschaftlich erfolgreichen Kulturmetropole entwickelt.

Eine moderne Stadt voller Dynamik und mit hoher Lebensqualität erwartet ihre Besucher. Linz ist sowohl Bühne für Theater und Musik vom Feinsten als auch für zeitgenössische Kunst, Geschichte und Wissenschaft in den Museen.

ARLBERG HOSPIZ HOTEL

Kunst der Begegnung – ein edler Tropfen beim Tête-à-tête mit Ihrem Partner. Ein einzigartiges Skivergnügen mit der ganzen Familie. Die genüssliche Vertiefung in ein modernes Gemälde – im Arlberg Hospiz Hotel trifft »savoir vivre« auf österreichische Gastlichkeit.

Im malerischen St. Christoph am Arlberg, wo das Skifahren erfunden wurde, erhebt sich das Haus zwischen hohen, schneebedeckten Gipfeln. In gediegener Atmosphäre atmet man die über 625-jährige Geschichte des Hauses. Kunstfertig umspielt es all unsere Sinne: mit österreichischer Haubenküche, französischen Weinspezialitäten, moderner Kunst und einem weitläufigen, eleganten Spa-Bereich. Gäste aus aller Welt fühlen sich hier wohl. Es ist eine Winterresidenz mit internationalem Flair, ein exklusiver Rückzugsort in den Bergen Tirols.

Kontakt

Florian Werner
St. Christoph 1
A – 6580 St. Christoph am Arlberg
Telefon +43-(0)5446-2611
info@arlberghospiz.at
www.arlberghospiz.at

Kategorie	Hotel
Komfort	hoch
Sprachen	Deutsch, Englisch, Französisch
Zimmer	18 EZ, ab EUR 148/Übernachtung
	35 DZ, ab EUR 241/Übernachtung
	35 Suiten, ab EUR 513/Übernachtung
Verpflegung	ÜF, HP
	Café, Bar und Restaurant im Haus
Anbindung	nächster Bahnhof: St. Anton, 7 km
	nächster Flughafen: Innsbruck, 110 km

- 53 Zimmer und 35 großzügige Suiten
- mitten im weltbekannten Skigebiet am Arlberg
- internationale Kunst in der Hospiz Galerie auf 1.400 m²
- Großflaschenweinsammlung, ausgezeichnet mit dem Five Star Diamond Award
- kulinarische Vielfalt in vier Restaurants
- Gourmetküche in der »Skiclub Stube«, prämiert von Gault Millau
- ganztägige Kinderbetreuung

Florian Werner

Florian Werner, Geschäftsführer des Arlberg Hospiz Hotel, entdeckte sein Liebe zur Kunst im Frühjahr 2007. Nur wenig später erregten seine ausdrucksstarken Gemälde, die an Jackson Pollock erinnern, auch öffentlich Aufsehen.

Bei einem Charity-Event wurde sein erstes Werk im August 2007 bereits für 6.000 Euro versteigert. Durch den Verkauf seiner lebendigen Farbkompositionen finanzierte Florian Werner nach und nach seine Sammlung zeitgenössischer Kunst, die nun auch in der Galerie ausgestellt wird.

Tipps

Das Kunsthaus Bregenz realisierte mit dem britischen Künstler Antony Gormley ein einzigartiges Projekt in den Bergen Vorarlbergs: »Horizon Field« ist die bislang größte Landschaftsinstallation in Österreich, bestehend aus 100 lebensgroßen Abgüssen eines menschlichen Körpers aus massivem Gusseisen, verteilt über ein Gebiet von 150 km² (www.kunsthaus-bregenz.at, www.lech-zuers.at).

Weitere Informationen

Ob Wandern oder Skifahren, Bergsteigen oder Wellness, Sport, Kunst oder Geselligkeit: Das Gebiet Lech Zürs im Arlberg ist vor allem aufgrund seiner wunderschönen Natur seit jeher eine attraktive Reisedestination für qualitätsbewusste Urlauber.

HOTEL SONNENBURG

Die Sonnenburg: einst eine einfache Schutzhütte, heute ein mit allen Annehmlichkeiten ausgestattetes, modernes Vier-Stern-Superior Hotel der Extraklasse. Und für viele immer noch ein Zufluchtsort, der einen vor all dem bewahrt, was den Winterurlaub stören könnte.

Ihre Gastgeberfamilie Hoch führt dieses außergewöhnliche Haus seit Generationen und das ganze Haus trägt ihre Handschrift – bis hin zu künstlerischen Arbeiten aus dem eigenen Atelier oder den selbst entworfenen Details der Wellnessoase. Diese familiäre Herzlichkeit und Wärme in den kleinen und großen Dingen werden auch Sie spüren. Die Sonnenburg bietet Ihnen nicht nur Urlaub vom Feinsten, sondern echte Lebensqualität, die Tradition und Moderne verbindet. Das ist unsere Philosophie.

Kontakt

Familie Hoch
Oberlech 55
A – 6764 Oberlech
Telefon +43-(0)5583-2147
info@sonnenburg.at
www.sonnenburg.at

Kategorie	Hotel
Komfort	hoch, ****Superior
Sprachen	Deutsch, Englisch
Zimmer	17 EZ, ab EUR 128/Übernachtung im Sommer, ab EUR 174/Übernachtung im Winter
	42 DZ, ab EUR 200/Übernachtung im Sommer, ab EUR 258/Übernachtung im Winter
	21 Junior Suiten, ab EUR 298/Übernachtung im Sommer, ab EUR 412/Übernachtung im Winter
Verpflegung	HP (wir bieten auch Zimmer mit Frühstück an)
	Café, Bar und Restaurant im Haus
Anbindung	nächster Bahnhof: Langen, 16 km
	nächster Flughafen: Innsbruck, 120 km

Daisy Hoch

Nach dem Studium an der Kunstschule Zürich und an der Akademie der bildenden Künste in München ist Daisy Hoch selbst als erfolgreiche Malerin tätig. Sie versteht es seither vortrefflich, ihr Schaffen für Familie, Hotel, Atelier und Galerie zu verbinden. So wurde die »Sonnenburg« zu einem Ort der Begegnung von Kunstfreunden mit Künstlern.

Die Vernissagen im Dezember und Februar haben sich längst zu Events entwickelt, deren Teilnehmerliste zahlreiche klingende Namen aus Kultur, Wirtschaft und Gesellschaft aus nah und fern umfasst.

Selbst stellt Daisy Hoch nur in größeren Zeitabständen aus. Ihre Liebe gehört der Natur, besonders Schnee-Landschaften haben es ihr angetan. Mit ihren Blumenmotiven erhielt sie einen UNICEF-Auftrag für ein Kunstkartenprogramm. Auch realisierte sie Projekte für Schule und Kirche mit den einheimischen Kindern. Seit 25 Jahren bietet das Haus im Dezember einen Malkurs für die Gäste an.

Bereits 1981 eröffnete Daisy Hoch in der Sonnenburg eine Galerie mit dem Ziel, dem Gast Kunst näherzubringen, mehr Kunstinteresse am Arlberg zu we-

Tipps
Die Region Bregenzerwald ist eine Hochburg zeitgenössischer (Holz-)Architektur.
Feldkirch: Alte Bischofsstadt mit kunsthistorischem Altstadtkern und Palais Liechtenstein.
Bregenz: Neues Kunsthaus (www.kunsthaus-bregenz.at), Vorarlberger Landesmuseum, Festspielhaus
Vaduz: Kunstmuseum Liechtenstein (www.kunstmuseum.li)

cken und selbst mit Kunst eng verbunden zu bleiben. Einer großen Reihe bekannter Künstler waren seither die Winterausstellungen gewidmet, unter ihnen Ernst Fuchs, Friedensreich Hundertwasser, Arik Brauer, Hermann Nitsch, Victor Vasarely, Marino Marini, Günther Ücker und Georg Baselitz.

Ein besonderes Anliegen ist es Daisy Hoch hierbei, neben den international renommierten Künstlern auch Vorarlberger Künstlern eine Plattform zu bieten – die »Galerie in der Sonnenburg« ist zum Kunstzentrum in Lech gewachsen.

MALERWINKL
WIRTSHAUS · VINOTHEK · KUNSTHOTEL

Laufende Ausstellungen, Gaumenkitzel der besonderen Art: köstliches Essen, Verkostungen und Kunst genießen.

In der Eat+Art Vinothek gibt es Regionales wie steirische Spitzenweine und steirische Feinkost zur Verkostung und zum Mit-nach-Hause-nehmen. Vor allem aber hausgemachte Spezialitäten aus Meisterhand wie Edelbrände, Säfte, feine Schinken, Marmeladen und Kräuter.

Dazu kommen: ein Kunstgarten mit romantischer Terrasse, der Kräutergarten der Chefin sowie ein »Kunst-Panorama-Weg«, der direkt vom Malerwinkl über die Hügel von Hatzendorf führt. Hier findet der Betrachter eine Vielzahl von Skulpturen und Kunstobjekten.

Kontakt

Peter Troißinger
A – 8361 Hatzendorf 152
Telefon +43-(0)3155-2253
office@malerwinkl.com
gasthof@malerwinkl.com
www.malerwinkl.com

Kategorie	Gasthaus/Hotel
Komfort	mittel***
Sprachen	Deutsch, Englisch
Zimmer	2 EZ, ab EUR 42/Person
	7 DZ, ab EUR 38/Person
	1 Wine-Art-Zimmer, ab EUR 45/Person
	inkl. Frühstücksbuffet mit regionalen Produkten
Verpflegung	ÜF
	Bar und Restaurant im Haus
Anbindung	nächster Bahnhof: Hatzendorf, 0,5 km
	nächster Flughafen: Graz, 60 km

Weitere Informationen

Hatzendorf ist, bedingt durch seine ruhige Lage, eingebettet in herrlicher Landschaft mitten im südoststeirischen Thermenland und mitten in der »Genussregion« Steirisches Vulkanland, der ideale Ort für Erholungssuchende. Aktivurlauber und Kulturinteressierte, Faulenzer, Wein- und kulinarische Genießer finden hier viele Angebote für einen unbeschwerten Urlaub.

Auf zahlreichen Spazier- und Wanderwegen wird unseren Gästen nicht nur die hügelige, von ehemaligen Vulkanen geprägte Landschaft nähergebracht, sondern auch die Gelegenheit gegeben, Kunstwerke heimischer Künstler zu bestaunen oder auf Themen-Wegen Interessantes zu erfahren.

Peter Troißinger

Kunst gehört für den Eat-Art-Künstler Peter Troißinger zum täglichen Leben. Eat + Art – diese Verbindung wird gelebt! Ein unerwartetes Kleinod für Genießer aller Art im schönen steirischen Thermen- und Vulkanland nahe der Riegersburg in der Süd-Ost Steiermark. Sanfte hügelige, grüne Landschaft, mediterranes Klima,

nette Menschen, außergewöhnlich gutes Preis-Leistungs-Verhältnis, intakte Natur, abwechslungsreiche Kultur, Schlösser … Viele Künstler haben sich in unserer Region niedergelassen, man spürt die Kreativität. Guter Wein, jede Menge Thermalbäder – ein Geheim-Tipp für Kulinarik und Kunst. Es sind die Menschen, die zum Wiederkommen einladen. Es gibt immer wieder Neues zu entdecken. Viele Künstlerkollegen kommen zu Besuch. Der Malerwinkl ist ein Treffpunkt der besonderen Art.

Tipps

Kunst-Panorama-Weg vom Gasthof Malerwinkl zum Kunsthochsitz hinauf, ca. 4,5 km

In und um Hatzendorf finden sich Skulpturen in freier Landschaft

Kunst in Graz: www.aktuellekunst-graz.at

Im Rahmen von Styrian Summer Art finden Kunst- und Literaturkurse statt (www.styriansummerart.at).

Heinz Felbermairs Kunst Akademie Steiermark bietet Kurse (Tel. +43-(0)3865-31296, www.kunstakademie-steiermark.at).

ART-LODGE

Die Umgebung bietet im Sommer und Winter eine Vielfalt an Freizeitmöglichkeiten, darüber hinaus veranstalten wir regelmäßig in unserem Restaurant (slowfood/cross over-Küche) auch »high-art-cookings«, bei denen Künstler ein abendliches Menü mitgestalten.

Des Weiteren finden im Sommer statt:
- Ausstellungen
- Artists in residence
- Skulpturenpark (in Entstehung)
- Konzerte (Junge Philharmonie Wien) mit Salon-Abenden

u.v.m.

Kontakt

**Katrin Liesenfeld-Jordan &
Dirk Liesenfeld**
Verditzer Straße 52
A – 9542 Verditz bei Afritz am See
Telefon +43-(0)4247-29970
info@art-lodge.at
www.art-lodge.at
www.rent-a-lodge.at

Kategorie	Hotel
Komfort	hoch****
Sprachen	Deutsch, Englisch
Zimmer	2 EZ, EUR 65 – 75/Person
	1 DZ, EUR 65 – 75/Person
	3 Suiten, EUR 85 – 95/Person
	2 Familiensuiten, EUR 85 – 95/Person
	4 Superior DZ, EUR 75 – 85/Person
	Die art-lodge ist auch komplett als Ferienhaus/Eventlocation zu mieten.
Verpflegung	ÜF
	Getränke (Kaffee/Tee, Softdrinks, Bier und Hauswein) aus dem Etagenkühlschrank und in der Stube sind im Preis enthalten.
	Restaurant im Haus
Anbindung	nächster Bahnhof: Villach, 15 km
	nächster Flughafen: Klagenfurt, 42 km

Fotos: art-lodge

Weitere Informationen

Die malerische Landschaft der Nockberge birgt eine große Vielfalt an Möglichkeiten: 15 Golfplätze, Mountainbike- und Laufstrecken, Reitwege, über 100 Seen und ein Eldorado für Paraglider. Individuelle Aktivitäten wie Wanderungen, Ausflüge, Nordic Walking-Touren, Ski-Safaris, Mountainbiking etc. werden je nach Bedarf und Wetter angeboten. Im Herbst und Winter kann die art-lodge nur komplett als Ferienhaus gebucht werden.

Katrin Liesenfeld-Jordan & Dirk Liesenfeld

Zwei Ex-Werber aus Düsseldorf verwirklichen ihren Traum und eröffnen ein einzigartiges Kunsthotel mit Galerie und Atelier auf über 1.000 m² im Herzen Kärntens. Ein architektonisch und künstlerisch einzigartiges Projekt, welches Kunst, Hotel und Gastronomie in einen neuen Einklang bringt. Katrin Liesenfeld-Jordan und Dirk Liesenfeld schufen ein echtes Hideaway für Individualisten, die keine Bühne brauchen, sondern Erholung in einem anregenden und persönlichen Umfeld suchen.

Nach Totalum- und -ausbau sieht das 300 Jahre alte Gehöft von außen immer noch aus wie damals, aber innen beherrschen leuchtende Farben, großformatige Fotoarbeiten, Ölbilder und Plastiken die Räume; die Liste der Arbeiten liest sich recht beeindruckend. Im Foyer und im alten Getreidehaus hängen Skulpturen des Trockel-Schülers und Adolf Loos-Preisträgers Michail Pirgelis, unter der alten Holztreppe hockt einer der gebückten Männer von Claudia Rogge und im Flur steht eine Skulptur des Berliner Künstlers Wolfgang Flad, seinerzeit entstanden für eine Gruppenausstellung mit Malcolm McLaren.

Tipps

Künstlerstadt Gmünd (www.stadtgmuend.at)
Skulptursymposium Krastal (www.krastal.com)
Museum Liaunig (www.museumliaunig.at)
Carinthischer Sommer
(www.carinthischersommer.at)

»Als wir anfingen Kunst zu sammeln, hatten wir schon bald keinen Platz mehr. Wir wollten aber nichts lagern und so drängte sich dann die Idee eines großen alten Hauses auf dem Land auf – für uns, Freunde und Künstler. So entstand die art-lodge: Viel Platz für Gäste, ein Künstlerapartment, die Galerie und ein kleines Restaurant. Unser Angebot wird genau so angenommen, wie wir es uns gewünscht haben. Unsere Gäste fühlen sich hier eher wie in einem Ferienhaus als wie in einem Hotel und freuen sich, mit echter Kunst im Zimmer aufzuwachen.«

KLEINSASSERHOF

Chill-Out-Weekend: Nächtigung im Doppelbettzimmer mit Bad, Balkon, Frühstücksbuffet, am Abend zwei Wahlmenüs, halbstündige Massage, Infrarotkabine und saunieren in unserer finnischen Blockhütte.

Waltraud & Josef Gasser

Der Kleinsasserhof, beschrieben vom Journalisten Edgar Auth: Manch einem stockt der Atem, wenn er diesen Raum betritt. Denn hier ist kein Fleckchen ohne Bedeutung, keine Lücke, wo das Auge sich ins Leere flüchten kann. Kunst und viel Kitsch, Ikonen und Skulpturen, Poster, Gemälde, Köpfe, Porträts von Kampfhund und Kälbchen, Pop Art, Land Art, Leonardo. Es ist, als ob ein Weltreisender auf der Suche nach Erlösung die vielen Stadien seiner Odyssee dokumentiert hätte. Eine Auswahl von Jesusabbildungen – mal mit offenem Herzen, mal mit Dornenkrone –, Buddha, Che Guevara, Engel, ein Abendmahl schwuler Jünger, ein blinkendes leuchtendrotes Kunststoff-

Kontakt

Waltraud & Josef Gasser
Kleinsaß 3
A – 9800 Spittal/Drau
Telefon +43-(0)4762-2292
walli.josef@kleinsasserhof.at
www.kleinsasserhof.at

Kategorie	Pension
Komfort	mittel
Sprachen	Deutsch, Englisch, Italienisch
Zimmer	1 EZ, ab EUR 69/Person
	10 DZ, ab EUR 59/Person
	1 Suite, ab EUR 65/Person
	2 Familienzimmer, ab EUR 59/Person
Verpflegung	Ü, ÜF, HP
	Café, Bar und Restaurant im Haus
Anbindung	nächster Bahnhof: Spittal/Drau, 7 km
	nächster Flughafen: Klagenfurt, 75 km

herz, Hirschgeweih und Elchkopf, weibliche Torsi und eine Lilienlampe mit Vulva und Penis zugleich.

Versprochen wird ein skurriles Restaurant, doch der Gast findet sich in einem Gesamtkunstwerk. Im Kleinsasserhof werden die Sinne zuerst zerrüttet, verwirrt, gereizt, herausgefordert. Dann beginnen die Augen sich ein System zuzulegen, Stück für Stück, Bild für Bild, Figur für Figur Fingerzeige auf Frömmigkeit, Sinnlichkeit, Sinnsuche und Nostalgie. Mal bunt, mal schrill, mal symbolisch, mal konkret, verschlüsselt oder verkappt. Lampen und Leuchter aus verschiedenen Epochen.

Es war bei einem Ziehharmonika-Kongress, sagt die Wirtin Walli, es wimmerte und piepte in jedem Winkel des Kärntner Gehöfts, als ihr und ihrem Mann wieder einmal klar wurde: »Das war's nicht«. Zuvor hatten sie es schon mit einer Hundepension versucht, immer nebenbei die ererbte Landwirtschaft betrieben mit den 15 Hektar Wald und 13 Hektar Wiesen, meist Steilflächen hoch über dem Drautal. Damals kamen sie auf den Restaurant- und Hotelbetrieb mit 30 Betten.

Sie wolle ein Paradies gestalten, sagt die Wirtin nicht ganz unbescheiden. Dazu müsse man »Dinge zulassen«. Ebenso bestimmt wie hintersinnig klingt das, eine Mischung aus Schalk und Sturheit nistet in ihren Augenwinkeln. Jetzt kommen viele Künstler, viele wollen etwas beisteuern, es reisen aber auch Geschäftsleute aus München, Salzburg oder Wien an.

Aber halt, waren wir nicht zum Essen gekommen? Zuerst beschleicht einen ja das Gefühl, dass, wer solcherart künstliches Kraut und Rüben zusammenträgt wohl auch beim Kochen wahllos in die Gewürzgläser langt. Doch nein, schon der Aperitif flößt neue Offenbarung ein,

Tipps

Kunstausstellungen im Schloss Porcia, Spittal/Drau (www.schloss-porcia.at)

Komödienspiele

Gmünd, die Künstlerstadt, ist nur 18 km entfernt (www.stadtgmuend.at).

Prosecco mit Holundersaft. Dann ein wunderbar zarter Mozarella mit dezentem Balsamico. Der Käse aus heimischer Produktion schmilzt auf der Zunge und erfüllt all die Sehnsucht, die einen schon beim Zerkauen herber Mozarella-Tomaten-Platten überkommen haben mag. Da verwirklicht sich heimische Küche, verfeinert durch ausgesuchte internationale Beigaben. Bei der Auswahl vom Lamm schließlich kippt die Überzeugung in Begeisterung. Und erst das Bauernbrot – da kaut man keine Beilage, sondern eine Kategorie für sich. Alles in allem: Ein Sturm für und auf die Sinne, den man so leicht nicht vergisst. Sicher, man sollte als Journalist nicht so hingerissen sein. Aber wer an der Drau entlangfährt, sich Spittal nähert und mindestens einen Abend Zeit hat, kann es selbst nachprüfen.

HAUS ARIBO
DIE KÜNSTLERPENSION IN MILLSTATT

Haus Aribo – die Künstlerpension in Millstatt!

Wir bieten Seminare und Workshops für Malerinnen und Maler, Bildhauerinnen und Bildhauer. Zwei Ateliers, der sonnige Garten, Küche und Aufenthaltsräume werden gemeinsam genutzt. Bei den Kursen kochen wir gemeinsam.

Weitere Informationen

Millstatt, die Marktgemeinde am zwölf Kilometer langen Millstätter See, liegt fünf Kilometer von der Autobahn A 10 Salzburg – Klagenfurt entfernt. Vor Ort gibt es ein altes Stift mit Stiftskirche und Kreuzgang.

Umgeben ist Millstatt von den Nockbergen mit ihren Almen, Industriebetriebe gibt es hier nicht. Im Ort haben einige Künstler ihre Ateliers.

Kontakt

Hans-Jochen Freymuth
Spittaler Straße 11
A – 9872 Millstatt
Telefon +43-(0)4766-2997
aribo@gmx.at
www.aribo.de

Kategorie	Pension und Seminarhaus
Komfort	mittel
Sprachen	Deutsch, z. T. Englisch
Zimmer	2 EZ, EUR 35/Person
	4 DZ, EUR 30/Person
Verpflegung	ÜF, VP (nur bei Kursen)
Anbindung	nächster Bahnhof: Spittal, 8 km
	nächster Flughafen: Klagenfurt, 70 km

Foto: Archiv MTG, steve.haider.com

Tipps

Internationale Musikwochen Millstatt (Mai bis Oktober, www.musikwochen.com)

20 km bis zur Kultur- und Künstlerstadt Gmünd (www.stadtgmuend.at) mit alter Burg, Theater, Galerie, Porsche Automuseum (www.auto-museum.at) und Gastronomie

Hans-Jochen Freymuth

Ich bin selber Bildhauer und Maler. In zwei Ateliers im Haus vermittle ich Kunst, verschaffe den Teilnehmern einen Zugang zur Bildhauerei. Menschen, die im Urlaub kreativ sein wollen und Bildhauerei erlernen möchten, sind bei mir richtig. Aber auch andere sind natürlich als Gäste willkommen.

Gern gebe ich Tipps für besonders schöne Orte, Hinweise zu regionalen Künstlern und Kunstorten, Galerien usw. Gespräche sind immer erwünscht!

SON BAULÓ
CULTURA & CULINA S.L.

Die Finca Son Bauló liegt am Ortsrand der 800-Seelen-Gemeinde Lloret de Vistalegre. Die Altstadt Palmas, weite Sandstrände, atemberaubende Bergszenen, der nächste Golfplatz und auch die Kartause Chopins in Valdemossa sind auf exzellenten Straßen in Minuten zu erreichen.

Petra & Will Kauffmann

Son Bauló ist die Kulturfinca Mallorcas, der Insel mit der legendären Lichtstimmung. Hier bringen Maler, Bildhauer, Aktions- und Fotokünstler ihre Ideen und Schöpfungen zum Ausdruck.

Petra Maria Kauffmann ist Künstlerin, im Atelier entstehen ihre Objekte, arbeitet sie mit Fotografie und Malerei. Wer möchte, kann ihr dabei über die Schulter schauen. Oder gleich ein paar Tage unter ihrer professionellen Anleitung selber malen. In dem reichhaltigen Workshop-Programm finden sich außerdem Veranstal-

Kontakt

Petra & Will Kauffmann
Son Bauló
E – 07518 Lloret Mallorca
Telefon +34-(0)971-524206
son-baulo@son-baulo.com
www.son-baulo.com

Kategorie	Landhotel (Agroturismo)
Komfort	mittel
Sprachen	Deutsch, Englisch, Spanisch
Zimmer	5 DZ, ab EUR 48/Person, als EZ ab EUR 69/Person
	6 Suiten, ab EUR 60/Person
	Zustellbett ab EUR 35/Person
Verpflegung	ÜF, HP, VP
	Café, Bar und Restaurant im Haus
Anbindung	nächster Bahnhof: Sineu, 4 km
	nächster Flughafen: Palma, 28 km

tungen auch anderer Künstler. Wellness, Yoga & Kultur, Segeln, Wandern, Philosophie bieten die Möglichkeit, einmal ganz andere Gedanken zu entwickeln und sich auf eine Weise zu pflegen, wie es im tagtäglichen Leben selten möglich ist.

Alles fing damit an, dass der Frankfurter Werbefotograf Will Kauffmann vor 20 Jahren die Liegenschaft Son Bauló als unberührte Kulisse für seine Fotoaufträge erwarb. Viele seiner Kollegen nutzen seitdem das stimmungsvolle Ambiente für ihre Fotoproduktionen. Kein Wunder bei dieser Idylle: Wo das Auge hinschaut, blühende Sträucher, Palmen, Kakteen, Feigen- und Mandelbäume und irgendwo dazwischen ein Teich. Versteckt zwischen urigem Garten, Obstplantage und Getreidefeldern steht der über 500 Jahre alte Gutshof, der mit viel Liebe und Gefühl für die Tradition des Anwesens in eine Oase der Ruhe und einen »Ort der Schönen Künste« verwandelt wurde. Son Bauló lebt von seiner dynamischen Philosophie aus dem Wirken aller beteiligten Protagonisten. Interessen und Interessierte begegnen sich. Synergien entstehen.

Tipps

Eine Auflistung von Kunstorten findet sich unter www.mallorca-majorca.de > Dies und das > Kunsthandwerk.

BODEGA VINO Y ARTE

Andalusien, das sind gewaltige Berglandschaften, einsame Buchten am Mittelmeer, traumhafte Sonnenuntergänge, Essen und Trinken, lange, heiße Sommer und milde Winter.

Andalusien, das sind auch 300 Sonnentage im Jahr, die Alhambra, viele maurisch geprägte Städte, weiße Bergdörfer, verwunschene Seen mit Wasserfällen, die maurische Kultur, Wein und Obst, Licht und fruchtbares Land, aber auch Wüste.

Wir führen ein kleines, aber feines Restaurant und man kann viel Kunst und Literatur bei uns entdecken. Unser Standort ist ideal, um die unzähligen Kulturstätten in Andalusien zu bereisen und zu besuchen.

Kontakt

Gerhard Pollheide & Anita Brandt
Poligono 2 Parcela 118
E – 29752 Sayalonga (Malaga)
Telefon +49-(0)5741-2723860
        +34-(0)628240771
gerhard.pollheide@t-online.de
www.art-opus.de

Kategorie	Apartment/Ferienwohnung
Komfort	mittel
Sprachen	Deutsch, Englisch, etwas Spanisch
Zimmer	2 Apartments für jeweils max. 2 Personen
	Großes Apartment, EUR 55 – 65/Tag
	Kleines Apartment, EUR 40 – 45/Tag
	Endreinigung jeweils 1 Tagessatz, Strom wird nach
	Verbrauch abgerechnet (ca. EUR 1/Tag)
Verpflegung	Selbstverpflegung
	Bar und Restaurant im Haus
Anbindung	nächster Bahnhof: Malaga, 50 km
	nächster Flughafen: Malaga, 50 km

Weitere Informationen

Sayalonga ist ein typisches kleines weißes Dorf maurischen Ursprungs. Es liegt in der Region Malaga, der Geburtsstadt von Picasso mit vielen Museen und kulturellen Sehenswürdigkeiten.

Gerhard Pollheide & Anita Brandt

Gerhard Pollheide ist Künstler mit Ausstellungen im In- und Ausland und Schriftsteller. Kunst und Schreiben sind mein Leben.

Wir haben eine Galerie in unseren Räumen, einen Skulpturengarten, machen literarische Veranstaltungen.

Unsere Gäste können in Kunst und Literatur stöbern, Gespräche führen und natürlich die kulturelle Vielfalt Andalusiens entdecken.

Gerne sprechen wir mit unseren Gästen über Kunst, Literatur und die andalusische Kultur.

Zu uns kommen kulturell interessierte Gäste und natürlich Gäste, die sich kulinarisch verwöhnen lassen wollen, da wir selbst kochen und unsere Küche einen sehr guten Ruf hat.

Tipps

Galerie, Skulpturengarten und Literatur bei uns, ebenso kulinarische Köstlichkeiten und Weine in unserem Restaurant

Picasso-Museum und Geburtshaus von Pablo Picasso in Malaga.

Reisen zur Alhambra in Granada, Sevilla, Córdoba, Ronda und Malaga bieten sich an.

INN & ART MADEIRA

Herzlich Willkommen bei Inn & Art ...

Nach dem Motto »klein und individuell« bietet Ihnen dieses geschmackvoll eingerichtete Landhaus eine mediterrane Atmosphäre mit persönlichen Service. Bilder von Sprotte verleihen dem Haus ein internationales Flair.

Weitere Informationen

Das Inn & Art Madeira bietet Ihnen eine der schönsten Klifflagen an der Steilküste auf der sonnenverwöhnten Südseite Madeiras im Badeort Caniço de Baixo. Zum Natursteinstrand benötigen Sie drei Gehminuten sowie zur Badeanlage Lido (Meerwasserpool, Tauchbasis), ins Zentrum von Canico sind es zwei Kilometer. Den Flughafen und die Hauptstadt Funchal erreichen Sie in zehn Minuten.

Kontakt

Maria João Cunha
Rua Baden Powell 61/62
P – 9125-036 Caniço, Madeira
Telefon +351-(0)291-938200
Telefax +351-(0)291-938219
info@innart.com
mj@innart.com
www.innart.com

Kategorie	Pension
Komfort	mittel****
Sprachen	Spanisch, Französisch, Englisch, Deutsch
Zimmer	8 DZ, ab EUR 49/Person inkl. Frühstück
	1 Studio
	Frühbucherrabatt, Saisonangebote
Verpflegung	Ü, ÜF, HP, VP
	Café, Bar und Restaurant im Haus
Anbindung	nächster Flughafen: Funchal 12 km

Baden: Mehrere Buchten an der Südküste mit Natursteinstrand sind ideal zum Schwimmen, Schnorcheln und Tauchen.

Tauchen: Inn & Art bietet spezielle Preise für eine Tauchausbilung (3 bis 4 Tage mit international anerkannten Zertifikaten CMAS oder PADI) sowie ein Tauchpaket von 10 Tauchgängen an. Einzige Tauchschule im Unterwassernaturschutzgebiet Madeiras und im Atlantik mit DIN-Zertifizierung. Die Basis wurde 2001, 2002 und 2003 von den Lesern der Zeitschrift »Tauchen« zur besten Basis im Atlantik gewählt.

Golf: Inn & Art hat die ideale Golflage. Sie benötigen 10 Fahrminuten zu den Golfplätzen Santo da Serra und Palheiro.

Armin Sprotte

In den 70er und 80er Jahren arbeitete Siegward Sprotte in den Wintermonaten auf Madeira, auch auf dem noch unbebauten Grundstück von Inn & Art. 1991 eröffnete Armin Sprotte die Galerie Falkenstern Fine Art, mit welcher er aus Soho New York kam; der Hauptsitz von Falkenstern Fine Art ist in Kampen auf Sylt und ab Mai 2011 auch in Potsdam. Auf Madeira wurde 1994 der Neubau erweitert und umgebaut als Landhaus.

Alle neun individuell ausgestatteten Doppelzimmer mit eigenem Garteneingang sind 18 bis 20 m von der Steilklippe entfernt; sie verfügen über Badezimmer, Safe (gegen Gebühr), Kabel-TV, Telefon, Kamin bzw. Ofen und Terracotta-Fußboden.

Das Gallery Restaurant und die Atlantik-Terrasse liegen 55 m über dem Meer. Von der Terrasse aus haben Sie einen 180°-Blick bis zu den Desertas Islands. Die Sprotte Bar mit Kamin und subtropischen Pflanzen vermittelt ein warmes und gemütliches Ambiente.

Tipps

Das interaktive Museum Madeira Story Centre (www.storycentre.com)

Museum der Zeitgenössischen Kunst im Forte São Tiago mit einer Dauerausstellung zeitgenössischer Kunst aus Portugal sowie temporären Ausstellungen

Museum der Sakralen Kunst mit religiösen Skulpturen, Schmuck und Gemälden aus dem 16. bis 18. Jahrhundert

Calheta-Centro das Artes Casa das Mudas mit Wechselausstellungen und reichhaltigem Kulturprogramm

Fotografiemuseum im ehemaligen Atelier von Vicente Gomes da Silva in der Rua Carreira 43 (Tel. +351-291-225050)

Im Museum des Instituts für Stickerei, Teppichwebkunst und Kunsthandwerk werden nicht nur Beispiele der kostbaren Madeira-Stickerei gezeigt. Weitere Informationen: www.innart.com > Insel Madeira > Event & Freizeit

www.visitportugal.com

CASTEL PERGINE
EIN ORT DER KUNST UND KULTUR

Foto: Trappeiner

Nach Lust und Laune führt Hausherr Theo Schneider die Gäste durchs Castello, erzählt von dessen Geschichte und erklärt Konzept, Kultur und Kunst.

Abends wird in den mittelalterlichen Sälen stilvoll getafelt. Die Küche ist heutig. Sie ist phantasievoll, ohne die Trentiner Herkunft zu vergessen und ohne die genussvolle italienische Tradition zu verleugnen.

Weitere Informationen

Castel Pergine liegt zuoberst auf einem bewaldeten Hügel im Oberen Valsugana, 11 km von der ehemaligen Konzilstadt Trento entfernt. Von der Burg aus überblickt man die Ebene von Pergine und den Caldonazzosee, in der Ferne grüßen die zackigen Brenta-Dolomiten.

Kontakt

Verena Neff & Theo Schneider
Via al Castello 10
I – 38057 Pergine Valsugana
Telefon +39-0461-531158
verena@castelpergine.it
www.castelpergine.it

Kategorie	Hotel
Komfort	einfach
Sprachen	Deutsch, Italienisch, Englisch, Französisch
Zimmer	4 EZ, EUR 82/Person inkl. HP
	17 DZ, EUR 82/Person inkl. HP
	3 Türme, EUR 82/Person inkl. HP (mind. 4 Nächte)
Verpflegung	ÜF, HP
	Bar und Restaurant im Haus
Anbindung	nächster Bahnhof: Pergine Valsugana, 2 km
	nächster Flughafen: Verona, 90 km

Tipps

Während des Aufenthaltes im Castel Pergine drängt sich ein Besuch des von Mario Botta projektierten Museums zeitgenössischer Kunst – Mart (www.mart.trento.it) in Rovereto auf.

Ein weiteres Muss ist auch ein Tagesausflug ins ebenfalls im Valsugana gelegene Val Sella (www.artesella.it). Man wandert stundenlang durch Wald und über Wiesen und entdeckt dabei entlang des Pfades die in den letzten paar Jahren entstandenen Skulpturen aus natürlichen Materialien.

Verena Neff & Theo Schneider

Echtes Leben in alten Mauern: Vor fast zwanzig Jahren haben wir beschlossen, unser Leben zu verändern. Wir gaben unser Architektur- und Übersetzungsbüro in der Schweiz auf und zogen ins Castello nach Pergine, wo wir dessen Leitung übernahmen. Seither beleben wir das Schloss multikulturell mit Gastfreundschaft, Gastronomie, der jährlich wechselnden Ausstellung und Konzerten. Wir schätzen vor allem die ehrliche Verbindung zwischen mittelalterlicher Atmosphäre und heutigem, echtem Leben.

Schwerpunkt ist die jährliche große Skulpturenausstellung jeweils eines renommierten Künstlers. Für je sieben Monate, das heißt während unserer ganzen Hotelsaison, bleiben gut 30 Großobjekte der Öffentlichkeit gratis zugänglich. Jede dieser Ausstellungen wird mit einem Katalog dokumentiert.

Kunst und Kultur öffnen uns die Augen, um die Welt anders zu sehen. Der Künstler stellt Fragen und gibt darauf seine ganz persönliche Antwort. Gutes Design hilft in der Regel, dem täglichen Ramsch zu begegnen, uns persönlich

Foto: Lucio Tonina

ermöglicht es, Authentizität zu demonstrieren und sie zu bewahren.

Unsere Gäste können sich auf das kulturelle Angebot einlassen, zum Beispiel bei einem guten Glas Wein im lauschigen Innenhof oder in einer der Nischen im Rittersaal, immer umgeben von altem Gemäuer und zeitgenössischer Kunst. Der tausendjährige Rittersaal und die Bar sind auch Orte der Begegnung, wo diskutiert und gelebt wird.

LE TRE STANZE

The focus of my house is that a person just feels like home in very calm and relaxing surroundings.

Being just 30 steps from the Dome and all the bars I do not serve breakfast, but in the rooms guests will find water, fruits, tea, cookies ... etc.

Contact

Patrick John Steiner
Via dell'Oriuolo 43
I – 50122 Firenze
Telephone +39-0329-2128756
trestanze@yahoo.it
www.letrestanze.it

Category	Private/Bed & Breakfast
Comfort	intermediate
Language/s spoken	
	German, English, Italian, French
Rooms	4 double/twin rooms, EUR 120/night for 2 people, EUR 90/night for 1 person
	3 suites, EUR 120/night
	from 3 nights on 10 % discount
Catering	no breakfast, self-catering; walking distance to many bars and restaurants
Access by (public) transport	
	next train station: Santa Maria Novella: 1.1 km
	next airport: Aeroporto di Peretola: 14 km

Patrick John Steiner

I am a sculptor myself, working in my studio in the garden, mostly with stone. I am originally from Switzerland but graduated here at the Academy of Arts in Carrara in 1999.

The Palazzo has belonged to the family for many years and all of us always had great interest in art in any form. So the whole place is filled with all kinds of art objects and other things which have an artistic background or also historical value.

Personally I like to share this very charming place with all the people who love the idea of staying in a calm and unusual location with a very private character, so to say just like their own home, only 30 steps from the Dome in Florence.

Every guest receives his key and is absolutely free to move in the whole house as he likes and I am always very happy to give people information about museums, restaurants, shows … Conversations with guests are of course very welcome.

My clients are from all over the world and, I have to admit, all wonderful people! Most of them are artists in whatever profession they are doing in life, and many of them became my friends after their stay.

PARDINI'S HERMITAGE

The hotel is situated in a scenic spot and can only be reached by boat. It is far away from built-up areas, noise and crowds. It grants its guests a peaceful stay in a timeless atmosphere.

We offer various private sea accesses equipped with lounge, chairs, sun umbrella etc.; table tennis, archery, »bocce«, library, computer, Internet (wireless), observatory, gymnasium; assorted table games, TV, air conditioning, musical instruments, a small outdoor open space for meditation, yoga and small shows. Appetizers are offered before dinner and wine and spirits after 10 p.m.

Contact

Federigo Pardini
Località Cala degli Alberi
I – 58012 Giglio Porto
Telephone +39-0564-809034
info@hermit.it
www.hermit.it

Category	Hotel
Comfort	intermediate
Language/s spoken	
	Italian, English, French, German, Spanish, Portuguese
Rooms	2 single rooms, EUR 140 – 195/night
	11 double/twin rooms, EUR 280 – 390/night
	1 suite, EUR 320 – 450/night
	1 family room, EUR 380 – 500/night
Catering	half pension, full board
	bar and restaurant in the house
Access by (public) transport	
	next train station: Orbotello, 50 km
	next airport: Rome, 150 km

Further information

The island of Giglio, located in the Tyrrhenian Sea a few kms from Mount Argentario, is an island of the Tuscan Archipelago, the second largest one after Elba. It forms a part of the Tuscan Archipelago National Park, together with the other five islands. The comunity of the island of Giglio also includes the island of Giannutri, situated some kms to the south-east.

The name of the island is derived from the Latin word »aegilium« which means goat, so in fact it's called the island of goats.

The island with its mainly mountainous scenery presents unspoilt nature with a rich Mediterranean vegetation: maritime pine trees and other typical plants of the Mediterranean scrub.

The island can be considered to be divided into three zones: Giglio Porto, the small commercial and touristic port; Giglio Campese, where most of the touristic facilities can be found; and Giglio Castello, the medieval village enclosed in ancient walls.

Tips

Bruno Caponi is one of the artists living on the island. Some cultural information you find on www.isoladelgiglio.com (in Italian).

Federigo Pardini

Pardini's Hermitage is a private villa built in the Fifties, surrounded by the beauties of nature. It can only accomodate thirty guests at a time. You can spend restful days here reading, chatting, playing or making music in a family milieu.

For several years, we have organized courses for painting with pastels, watercolour and oil. Guests can also make pottery, especially ceramics in the style of Japanese »Raku« and »Bucchero«. The workshop in the garden is equipped with kilns for firing pottery. Enjoyable for beginners and experts.

Proprietors pay great attention that food is always fresh and genuine. The Hermitage is completely remote from any village, a solitary retreat, reachable only by boat. Access to the house is by a steep staircase.

ART'OTEL BUDAPEST

Dem amerikanischen Künstler Donald Sultan ist in Ungarns Hauptstadt Budapest ein ganz besonderes Museum gewidmet: In einer exponierten Straßenzeile am Budaer Donauufer, gleich gegenüber dem Parlament, liegt hinter einer modernen Marmorfassade der gläserne Eingang in das »Wohnhaus der Kunst« – das art'otel Budapest.

Mit und in der Kunst leben, so lautet hier das Motto. Dies kann man hautnah in den 149 Zimmer der Superior Kategorie, den sieben Executive Zimmern und den neun Art-Suiten erfahren, denn im gesamten Haus werden Arbeiten auf Papier, auf Leinwand und plastische Werke des in New York lebenden Künstlers gezeigt.

Sultan hat zudem wesentlich in die Gestaltung der Teppiche, der Brunnenanlage und anderer Details des Gesamtdesigns eingegriffen und so eine Verbindung zwischen dem unter Denkmalschutz stehenden historischen Gebäudeteil – vier Barockhäuser stellen die rückseitige, dem Donauufer abgewandte Hotelfront dar –

Kontakt

Sándor Koszta
Bem rakpart 16-19
H – 1011 Budapest
Telefon +36-1-487-9487
budapest@artotel.hu
www.artotels.com

Kategorie	Hotel
Komfort	hoch
Sprachen	Ungarisch, Deutsch, Englisch, Französisch, Italienisch
Zimmer	8 EZ, ab EUR 99/Übernachtung
	141 DZ, ab EUR 99/Übernachtung
	9 Art-Suiten, ab EUR 159/Übernachtung
	7 Familienzimmer, ab EUR 129/Übernachtung
Verpflegung	ÜF, Frühstücksbuffet EUR 14/Person
	Café, Bar und Restaurant im Haus
Anbindung	nächster Bahnhof: Déli PU., 4 km
	nächster Flughafen: Ferihegy, 23 km

und dem Neubau erreicht. Alle 165 Zimmer sind nicht nur mit zeitgenössischer Kunst ausgestattet, sondern genügen zudem höchsten Ansprüchen – mit Badewanne oder Dusche, Klimaanlage, Minibar, Fön, Safe, Satellit- und Pay-TV, ISDN- und Analoganschluss, persönlicher Voice Mail im Telefon und kostenfreien Zeitungen. In den Executive-Zimmern und den Suiten besteht darüber hinaus die Möglichkeit, sich selbst kostenfrei Kaffee und Tee zuzubereiten. Außerdem stehen behindertengerechte und Nichtraucher-Zimmer zur Verfügung.

Das museale Hotel, in dem vom spielerischen Fußboden-Design bis zu den gigantischen Schmetterlingen in der Lobby alles aufeinander abgestimmt ist, bietet im gastronomischen Bereich das Restaurant »Chelsea« sowie das Café & Bar »Domino« mit Außenterrasse. Hotelgäste können auf Etagenservice, Business Center, Sauna und Fitnessraum ebenso zurückgreifen wie auf Frisör- und Schönheits-Salon, Park-Service und Art Shop. Das Bankett verfügt über sieben moderne klimatisierte Tagungsräume mit einer Kapazität für bis zu 400 Personen.

Tipps

Entdecken Sie Budapest mit dem Fahrrad – Fahrradverleih an unserer Rezeption, EUR 15/Tag.
Wir führen täglich um 16 Uhr eine »Art-Tour« in unserem Hotel durch, mit einem Drink zum Abschluss.

Abgesehen von der aussichtsträchtigen Lage am Budaer Donauufer, entpuppt sich das Art'otel Budapest als ideale Ausgangsstation für einen Städtetrip in die ungarische Metropole. Der UNESCO-geschützte Burgberg mit Matthiaskirche, Burgviertel und Schloss sind in wenigen Gehminuten erreicht, über die Kettenbrücke ist man ebenso rasch ans andere Donauufer und zur Fußgängerzone Váci utca spaziert. Nur drei Häuserblocks entfernt liegt die U- und Straßenbahn-Station Batthyány tér, wo man einerseits in die Vorortbahn Richtung Szentendre und Donauknie einsteigen kann, andererseits mit der U-Bahn M2 rasch nach Pest fahren kann, wo schon nach zwei Stationen die zentrale Umsteigemöglichkeit Deák F. tér erreicht ist.

PALMIŽANA MENEGHELLO

Mehrere Generationen der Familie Meneghello widmen sich schon mehr als ein Jahrhundert dem Schaffen eines faszinierenden touristischen Zufluchtsortes, und es ist ihnen gelungen, eine außerordentliche Symbiose von authentischer Naturschönheit und Kultur zu verwirklichen.

Hier kann man vollkommene Erholung finden, die innerliche Ruhe taucht wieder auf, der Körper wird wieder kräftig, der Geist erfrischt und gestärkt. Man genießt nebenbei die zahlreichen Kunstwerke bekanntester kroatischer Maler, die an den Wänden der 14 Bungalows und kleinen

Kontakt

Familie Meneghello
CRO – 21450 Palmižana, Kroatien
Telefon +385-(0)21-717270
         +385-(0)91-4783110
info@palmizana.com
palmizana@palmizana.hr
www.palmizana.hr

Kategorie	Bungalow/Ferienhaus
Komfort	mittel/hoch****
Sprachen	Englisch, Französisch, Italienisch, Deutsch, Kroatisch
Zimmer	Palmižana Meneghello/Palmižana: Touristisches Anwesen in einem botanischen Garten auf der Insel St. Klement, mit 14 Bungalows und Villas, etwa 50 Betten
	Villa Meneghello/Hvar: Luxusvilla auf der Insel Hvar mit 2 Apartments für je 6 Personen, insges. 320 m², exotische Gartenanlage 1.000 m², »das kleine Museum« mit zeitgenössischer kroatischer Kunst
	EUR 40 – 100/Person je nach Kategorie und Saison
Verpflegung	Ü, ÜF, HP, VP
	Café und Restaurant im Haus
Anbindung	Insel St. Klement ohne Autoverkehr, Anreise nur mit dem Schiff über Hvar (Garagen und Stellplätze)
	nächster Flughafen: Split, Schiffsverbindung von Split nach Hvar (45 Minuten), mehrmals täglich

Villen hängen. Die Kunst herrscht auch auf den vielen Restaurant-Terrassen und in dem prachtvollen Garten rundherum.

Dagmer Meneghello

Mit ihrer Liebe zur Kunst gab Dagmar Meneghello dem Paradies von Palmižana »eine zusätzliche Dimension«. Ihre Kunstgalerie auf Palmižana wurde in der Zwischenzeit zum Treffpunkt für Künstler und Kunstliebhaber. In einigen Hunderten von Ausstellungen, die sie 45 Jahre lang auf der Insel St. Klement machte, haben sich viele heute große Künstler der kroatischen Kunstszene der Öffentlichkeit vorgestellt.

Die Heiterkeit der Werke ihrer künstlerischen Freunde, die Farben des Mittelmeeres und die eigene charismatische Kraft flossen in die Einrichtung der steinernen Häuser auf Palmižana und der großen luxuriösen Villa in der Stadt Hvar ein, die zum echten kleinen Museum des Mediterranean wurde.

Die Räumlichkeiten sind der Spiegel ihrer Besitzerin und das Symbol ihrer Hingebung an die eigene Vision, wie man Tourismus behandeln soll: Als Einladung

Tipps

Literatur-Tipp: Dagmar Meneghello: Palmižana. Das Blühen des Steins – mit den Augen der Künstler, mit 400 Fotos und Reproduktionen, zweite Auflage 2005.

Unter www.mein-kroatien.info findet man zu Split und Hvar gute Kultur-Informationen. Gerade die Stadt hat ein außerordentlich reiches Kultur- und Geschichtserbe, sie war Geburts- und ist Lebensort bedeutender kroatischer Maler, Schriftsteller und Musiker.

an die Gäste, sich in einem gepflegten Milieu eines Landes mit reicher kultureller Vergangenheit und großen kulturellen Möglichkeiten zu erholen. In einem umweltbewussten Land – Palmižana ist ein Naturschutzgebiet –, das sich der Pracht seines Natur- und Kunsterbes bewusst ist und dafür sorgt, es bestens zu erhalten. Ihr Credo: »Die Künstler machen die Natur noch edler, die Natur edelt und motiviert sie auf ihrem künstlerischen Wege, die modernen Weltnomaden genießen beides.«

XENONAS LONDAS

Das Haus »Londas« ist unser Heim, in welchem wir vier Zimmer für Gäste anbieten. Es ist über 200 Jahre alt, Teile davon wesentlich älter, erbaut und erweitert vom Nationalhelden Petrobey Mavromichalis, einem der Führer des Unabhängigkeitskampfes gegen die Türken Anfang des 19. Jahrhunderts.

1985 bis 1987 renoviert, wurde das Haus 1988 als Xenonas Londas eröffnet. Es ist das erste private traditionelle Guesthouse in der Region.

Wir verstehen uns nicht als anonymen Hotelbetrieb, sondern versuchen jeweils im Gespräch und in der Diskussion mit unseren Gästen auch eine persönliche Be-

ziehung aufzubauen. Da dies mit »Kurzaufenthaltern« bzw. bloß »Durchreisenden« eher schwierig bis unmöglich ist, nehmen wir Buchungen nur ab zwei Übernachtungen entgegen. In solchen Gesprächen vermitteln wir unseren Gästen auch viel Information über die Gegend, deren Geschichte, Kultur, Kunst, Natur

Kontakt

Hans Kleiner & Iakovos Xenakis
Xenonas Londas
GR – 23062 Areopoli
Telefon +30-(0)27330-51360
londas@londas.com
www.londas.com
www.ixart.gr

Kategorie	Gästehaus, Bed & Breakfast
Komfort	mittel
Sprachen	Deutsch, Englisch, Griechisch
Zimmer	3 DZ, 72 Euro/Übernachtung für 2 Personen,
	66 Euro/Übernachtung für 1 Person
	1 Drei-Bett-Zimmer, EUR 110/Übernachtung
Verpflegung	ÜF – gelegentlich kochen wir für unsere Gäste
	(im Stil von »menu du jour«)
Anbindung	nächster Bahnhof: Tripoli, ca. 110 km
	nächster Flughafen: Kalamata, ca. 90 km
	Bus (KTEL) bis Areopoli (ca. 300 m bis zum Hotel)

Tipps

Wir empfehlen diesen Reiseführer: Hans-Peter Siebenhaar: Peloponnes, Michael Müller Verlag, 9. Auflage 2006, ISBN 978-3899532432.

In jedem Juli findet das Kalamata International Dance Festival in Kalamata statt (www.kalamata-dancefestival.gr).

Im Sommer werden auch in Gythion und Sparti kulturelle Veranstaltungen wie Theater, Musik, Tanz und Lesungen organisiert.

usw., welche wohl in keinem Reiseführer zu finden sind. Dazu Hinweise zu, auf Wunsch geführten, Ausflügen und Wanderungen.

Unsere damalige Wahl für diese Region entschied vor allem deren Ursprünglichkeit, Besonderheit der Geschichte und Kultur, Einmaligkeit der Natur und Architektur (Wohntürme, byzantinische Kirchen mit Fresken). Von beiden Terrassen des Hauses aus hat man eine großartige Aussicht über die Dächer Areopolis, auf Felder, Berge und den messenischen Golf.

Außer unserem reichhaltigen Frühstück mit hausgemachten Konfitüren und Brot aus der Holzofen-Bäckerei kann es auch vorkommen, dass sich Iakovos bereit findet, für Gäste zu kochen – seine diesbezüglichen Künste haben selbst in »Le Figaro« Erwähnung gefunden. Selbstverständlich gibt es jedoch auch sehr gute Tavernen im Ort (Katoi, Barba Petros).

Hans Kleiner & Iakovos Xenakis

Iakovos Xenakis ist Kunstmaler, seine Bilder schmücken das Haus, sein Atelier ist im Haus.

Kunst und Design sind bei uns nicht Attribut des eigenen, gesellschaftlichen Status, sondern aus ästhetischen Gründen bzw. Gründen der Lebensqualität unser Lebensumfeld. An dem lassen wir unsere Gäste von Herzen gern teilnehmen.

Das (fast) Wichtigste allerdings ist, dass Iakovos Xenakis unseren Gästen auf Anfrage auch Mal- und Zeichenunterricht gibt, einzeln oder in kleinen Gruppen bis zu acht Personen. Der Stundensatz liegt, ohne Material, Spesen und ggf. damit verbundene Ausflüge, je nach Anzahl der Teilnehmer zwischen 15 und 32 Euro.

HELLENIKON IDYLLION

MUSISCH-KULTURELLE FERIENBEGEGNUNGSSTÄTTE

Was ist das Hellenikon Idyllion? Darauf gibt es viele Antworten: eine Ferienanlage, eine Jugendherberge, ein Freizeitzentrum, ein Hotel, ein Fortbildungsinstitut, ein Ort für Ausstellungen, Aufführungen und Vorträge, eine Übungsstätte, eine Musikakademie, eine Mini-Universität, ein Ort internationaler Begegnung. Jede Antwort ist bis zu einem gewissen Teil richtig, zum größeren Teil aber falsch.

Was ist das Hellenikon Idyllion wirklich? Es ist die Verwirklichung des Lebenstraums seines Gründers, Besitzers und Leiters, Andreas Drekis. Er hatte schon als junger Mensch erkannt, dass alle Menschen eigentlich das gleiche Ziel haben: Sie wollen glücklich werden. Aber die meisten irren sich in den Mitteln zu diesem Ziel. Sie meinen, durch Reichtum, Macht und Ansehen glücklich werden zu können. Diese Wege führen aber die Menschen eher vom Glück weg. Viel wichtiger dafür ist die Ausbildung seelischer und geistiger Fähigkeiten. Wer offen wird für die Schönheiten und Harmonien der Welt, wer fähig wird, den Gedanken der

Kontakt

Andreas Drekis
Kyanis Aktis 20
GR – 25100 Selianitika
Telefon +30-(0)26910-72488
hellenikon@idyllion.gr
www.idyllion.gr

Kategorie	Apartment/Ferienwohnung
Komfort	mittel
Sprachen	Deutsch, Englisch, Griechisch
Zimmer	7 EZ, 7 DZ, 7 Suiten und 14 Familienzimmer
	Preise nach Vereinbarung
Verpflegung	Selbstverpflegung
Anbindung	nächster Bahnhof: Egion, 7 km
	nächster Flughafen: Araxos, 70 km

früheren Weisen und Philosophen nach-zusinnen, für wen die Welt transparent wird für das Göttliche, der findet leichter zu wahren und unversiegbaren Quellen des Glücks.

Daher lädt Andreas Drekis ins Helle-nikon Idyllion, inmitten eines idyllischen großen Gartens am Meer, gleichgesinnte Menschen aus aller Welt ein, Familien wie Einzelreisende und kreative Gruppen, die dieselben Ziele anstreben. Der Schwer-punkt liegt in der Musik und der Rückbe-sinnung auf die Schätze des griechischen Altertums. Im Hellenikon Idyllion sind ge-eignete Übungsmöglichkeiten für Sänger und Musiker jeder Art, für Chöre und Or-chester vorhanden. Ihnen verschafft der Besitzer auch gute Gelegenheiten, in der Öffentlichkeit aufzutreten und so ande-ren Menschen die Welt der Musen zu öff-nen. Einmalig in der ganzen Welt ist der jährlich stattfindende Kurs, in dem junge Menschen aus aller Welt die Sprache der antiken Griechen wieder lebendig werden lassen und deren tiefe Einsichten neu durchdenken. Alle diese Gruppen und Kurse bemühen sich um völkerverbinden-de Freundschaft und gegenseitiges Ver-ständnis.

Gibt es nicht auch anderswo Institu-tionen mit den gleichen Zielen und Er-gebnissen? Wer einmal im Hellenikon Idy-lion eine Weile gewesen ist, wird sagen: Nein, auf keinen Fall! Das Hellenikon Idyllion gibt es in seiner Art nur in Se-lianitika, nur in der Person des Andreas Drekis.

Bericht von Helmut Quack, Altgriechischlehrer am Husum-Gym-nasium, langjähriger Gast und Kursleiter im Hellenikon Idyllion

Im Hotel nebenan können Gäste, die Ho-telkomfort wünschen, oder große Grup-pen wie Orchester, die nicht alle im Idyl-lion unterkommen, wohnen.

Tipps
Musik- und Kulturkurse, echt griechische Dorf-atmosphäre, Tavernen mit typisch griechischen Spezialitäten, alle auch im Winter geöffnet.
Faszinierend seit 1955: das jährliche »Athens & Epidaurus Festival« mit allen Arten der Kunst (www.greekfestival.gr/en).

Der 4.000 m² große Obst-/Trauben-/Blu-mengarten lädt zum freien Pflücken ein. Für Musiker stehen bereit: zwei große überdachte Übungsbühnen, ein Musik-pavillon mit Konzertflügel, drei weitere Klaviere, ein Cello, ein Kontrabass, zwei Konzertpauken sowie eine deutschspra-chige Kulturbücherbibliothek und eine Noten- und Musik-CD-Sammlung.

Weitere Informationen
Antike Theater, Patras- und Epidaurus-Festival. Bergsee, mythologische Styxquel-le. Bergwanderungen, kleine Inseln, archä-ologische Ausgrabungstellen zur Ortung der in der Nähe versunkenen antiken Stadt Helike.

MANZARA ISTANBUL

Haben Sie schon einmal bunte Schafe mitten in der Stadt gesehen? Oder Schuhputzer, die mit ihren Werkzeugen Musik machen?

Können Sie sich vorstellen, auf einer Stadtführung dem Ruf des Muezzin zu folgen und anschließend die moderne Kunstszene kennen zu lernen? Was würde Ihre Familie sagen, wenn Sie ein schönes Fest in Istanbul feiern? Wie würden Ihre Kollegen reagieren, wenn Sie Ihren nächsten Workshop in Istanbul durchführen? All das machen wir möglich. Wir lieben es, unsere Gäste zu überraschen!

Erleben Sie Istanbul – mit Manzara-Führungen, Events und Kunst:
www.manzara-istanbul.com/de/erleben/

Kontakt

**Erdoğan Altındiş &
Gabriele Kern Altındiş**
Serdar-i Ekrem Sokak no 14
Kuledibi Beyoglu
TR – Istanbul
Telefon +90-212-2524660
info@manzara-istanbul.com
www.manzara-istanbul.com

Kategorie	Apartment/Ferienwohnung
Komfort	mittel/hoch
Sprachen	Türkisch, Englisch, Deutsch
Zimmer	Verschiedene Wohnungen in unterschiedlicher Größe, 30 – 200 m², für jeweils 2 – 6 Personen
	1-Raum-Apartment, EUR 60/Tag für 2 Personen
	2-Raum-Apartment, EUR 125/Tag für 3 Personen
	3-Raum-Apartment, EUR 175/Tag für 4 Personen
	4-Raum-Apartment, EUR 210/Tag für 5 Personen
Verpflegung	Selbstversorgung, Essenslieferung nach Hause, Kochabend zu Hause Frühstückscafé am Galata-Platz
Anbindung	nächster Bahnhof: Sirkeci, 2 km
	nächster Flughafen:
	Atatürk Flughafen (Europäische Seite) 19 km;
	Sabiha Gökçen Flughafen (Asiatische Seite), 50 km

MANZARA ISTANBUL

Erdoğan Altındiş & Gabriele Kern Altındiş

Bei Manzara finden Sie ein Zuhause in
der Ferne – ob nur für einen kurzen Städtetrip, eine Geschäftsreise oder einen Aufenthalt für mehrere Wochen. Ganz gleich
ob Sie als Single, Paar, Familie oder Gruppe anreisen, Manzara Istanbul bietet Wohnungen in unterschiedlichen Größen und
Preisklassen. Sie können mit uns auch die
Stadt kennenlernen – unsere fachkundi-
gen Führungen abseits der Touristenpfa-
de werden Sie staunen lassen.

Falls Sie Ihre Reise mit einem Fest verbinden möchten oder eine Geschäftsver-
anstaltung planen, können wir Ihnen ein
passendes Konzept und einen außerge-
wöhnlichen Raum anbieten. Seien Sie gespannt auf Istanbul und freuen Sie sich auf
den persönlichen Service von Manzara.

Der Name ist Programm: Manzara
ist der türkische Begriff für Aussicht,
Weitsicht und Einsicht. Mit Erdoğan
Altındiş fing alles an: Er hat Manzara als
interkulturelles Projekt gegründet und entwickelt es beständig weiter. Als Türke
und Deutscher, Architekt und Maler ist er
ein geübter Grenzgänger und arbeitet mit
Hingabe daran, Kulturinteressierte in
einer der aufregendsten Metropolen der

Tipps

Die Istanbul Foundation for Culture and Arts
(IKSV) veranstaltet seit 1973 u. a. die Kunst-Bien-
nale (www.iksv.org).
Aktuell ist das Istanbul Museum of Modern Art
(www.istanbulmodern.org, Tel. +90-212-3347300).
Sehr schön sind die kleinen Fischlokale am Kara-
köy Hafen Persembe Pazari, zum Beispiel authenti-
sches türkisches Essen bei Ciya (www.ciya.com.tr)
oder gehobene Küche bei Müzedechanga
(www.changaistanbul.com).
Direkt in der Nähe ist ein alter Handwerkerhof
(Rüstem Pasa han oder Kursunlu han). Man sollte
diese alte Karawanserei auf jeden Fall besuchen.
Interessant sind auch der Ägyptische Basar (Ge-
würz-Markt) und große Basar (kapali Carsi) oder
unsere Tour »Ruf des Muezzins®«.
Der Stadtteil Beyoğlu ist das Zentrum für Kunst,
Kultur und junges Vergnügen.

Welt zusammenzubringen. Über die Kunst
und Design lässt sich viel bei uns sagen,
nicht nur mit unserem Projekt »Manzara
Perspectives – Ein Raum für die junge
Kunstszene in Istanbul« (www-manzara-
perspectives.com und www.manzara-istan-
bul.com/de/erleben/kunst_bei_manzara/).

INTERNA

TIONAL

GLADSTONE HOTEL

Our historic Victorian/turned Art Hotel is recognized internationally. Each of our incredible artist-designed guest rooms is truly distinct and presents guests with a unique experience.

Each hotel room is designed by a different artist. The word »artist« is used broadly here to encompass a number of disciplines and includes visual artists, interior designers, architects and material-based artists. The rooms are based on the artist's vision while conforming to the needs of the hotel guest. Each of the 37 rooms reflects the diversity of talent in the city of Toronto. The rooms give a taste of the authentic flavour of Toronto to guests who are new to the city and resonate with guests who know the city well.

The Gladstone also plays host to over 100 events per month and is an incubator for arts projects and live music. With three art galleries and two music venues

Contact

Gladstone Hotel
1214 Queen St West
CDN – Toronto, ON, M6J1J6
Telephone +1-416-531-4635
reservations@gladstonehotel.com
www.gladstonehotel.com

Category	Hotel
Comfort	intermediate***
Language/s spoken	
	English, French
Rooms	35 rooms (Double, Queen or King),
	2 suites, from CAD 176/night
Catering	with breakfast (price varies per season)
	café, bar and restaurant in the hotel
Access by (public) transport	
	next train station: Union Station, 2 km
	next airport: Pearson Int'l, 20 km;
	Toronto Island Airport, 2 km

we host a variety of local and international exhibitions and concerts. The hotel is also located in Toronto's Queen West neighbourhood with the local arts scene just steps away from the front door.

We are an artist owned and operated hotel with a tradition of environmental activism and stewardship. Our open minded and welcoming community brings people together from all walks of life.

Our annual exhibitions like »Come Up To My Room«, our annual design event and upArt feature emergent artists and are renowned in their circles for being exhibitions of exquisite caliber.

Our Harvest Wednesday series features local and sustainable dishes that are seasonally prepared with loving care by a wide variety of talented chefs. The hotel's green initiatives are also evident throughout featuring locally produced soaps in our rooms and even a green roof.

Tips
Guided art tours leave from the hotel every Saturday after brunch. Inquire at the front desk to make a reservation.

Discover Ontario: www.ontariotravel.net/de
Outdoor equipment: www.algonquin-outfitters.com

Further information
Toronto's Queen West's general coolness is expected to last well into the next decade, what with the Gladstone Hotel, plenty of independent galleries as well as the Museum of Contemporary Canadian Art (a.k.a. the MOCCA; 952 Queen W., +1-416-395-0067, www.mocca.ca) and celebrated boites ranging from the stalwart The Beaconsfield's (1154 Queen W., +1-416-516-2550, www.thebeaconsfield.com) cozy environs to the new-ish Cock And Tail (1168 Queen W., +1-647-349-8245), whose well-selected list of beers on tap make it a must-visit (Eye Weekly).

DOG BARK PARK INN B&B

We provide our guests with what we think is the added luxury of no television, telephone or internet. In place of these common electronics the guest room includes a large selection of reading materials, games & puzzles for all ages.

Most of the books are an ecclectic collection of our favorites plus books about unusual architecture, off the beaten path travel & of course there are books about dogs! The most popular game is Beagle-opoly, of course! When one stays in the World's Biggest Beagle building, playing a board game about Beagles is appropriate!

Dennis Sullivan & Frances Conklin

We are connected to art on several fronts; the most major as husband & wife artists we produce and market our own unique artwork. We are chainsaw carvers with folk art-style renditions of the world's many dog breeds our specialty. We have great interest in all genres of art and architecture. Although we don't have opportunity to travel to experience art in other locations of the country & world, we are avid armchair connoisseurs of all things art.

Both of us have dabbled in artistic endeavors from our youths. With this yearning to create artworks, Dennis gave up

Contact

Dennis Sullivan & Frances Conklin
2421 Business Loop 95
USA – Cottonwood, Idaho 83522
Telephone +1-208-962-3647
frances@dogbarkparkinn.com
www.dogbarkparkinn.com

Category	Guesthouse	
Comfort	intermediate	
Language/s spoken		
	English	
Rooms	1 suite/unit, USD 92 (for 2 people)	
	off street parking	
Catering	with breakfast	
Access by (public) transport		
	next airport: Lewiston Idaho LWS, 60 miles (97 km)	

Photos: Dog Bark Park

his career in the design & building trades nearly 30 years ago to become a chainsaw artist. We met at an art show 20 years ago, which started our combined work as artists. This eventually led to the design and building of Dog Bark Park Inn Bed & Breakfast adjacent to our art studio and gallery.

The connection to art of our lodging facility is that the very building itself is an expression of art. The entire building is what is often referred to as mimetic architecture; a building that looks like something else; in this case, a giant beagle dog. The big beagle structure also serves as a roadside attraction and many people visit whether they lodge in the dog or not. The beagle-shaped building was entirely self-designed and constructed by Dennis. It was completed & open for guests in 2003.

Our guests include travellers from around the country and world. Most of the international visitors seek experiences beyond the typically visited famous US locations. Our international travellers have generally already been to America's premiere national parks & culture locations, such as Yellowstone National Park, New York City or San Francisco, for example. They & our domestic visitors seek the off beat, authentic & unique experiences

Tips

Nez Perce National Historic Park nearby that interprets the life & culture of the indigenous people to the area, the Nez Perce Indians.

Historical Museum at the Monastery of St. Gertrude chronicles area history & culture from pre-Anglo settlement to the influence of Chinese & natives to the area.

so abundantly available in America. Celebrity guests have included authors, film makers, photographers & one comedian.

We eagerly interact with our guests to share our art processes & experiences in Idaho. This interchange enriches our lives and we think deepens the appreciation of our guests for the work & lifestyle we have here in Idaho. This often leads our visitors to explore recommended museums, galleries & cultural sights as they travel onward through Idaho.

Working in the arts is a satisfying outlet for our self-expression. We endeavor to exercise that creativity in everything we do at Dog Bark Park. In addition to our studio gallery we have an outdoor sculpture garden of self-constructed objects, like a giant red fire hydrant, an old-fashioned electric coffee pot, an intricately designed roofed walkway, etc. We are very fortunate to earn a living doing exactly what we want to do with our art!

HOTEL DES ARTS

We are the Hotel Des Arts and located in the heart of downtown San Francisco's French Quarter, at the crossroads of Union Square, the Financial District and right next to the great gates of Chinatown.

The Hotel Des Arts offers 43 guest rooms where you'll find imaginative installations and edgy graffiti inspired works of art. Every room is unique and painted differently by emerging artists from around the world. We are a boutique affordable hotel that is focused on art. We also have art displayed throughout all the hallways. If you love art, this is the place for you!

Contact

Samantha Felix (General Manager)
447 Bush Street
USA – San Francisco, CA 94108
Telephone +1-415-956-3232
reservations@sfhoteldesarts.com
www.sfhoteldesarts.com

Category	Hotel
Comfort	intermediate
Language/s spoken	
	English, Spanish, French
Rooms	Suites, 5 people, USD 189 – 229/night
	Suites, 3 people, USD 189 – 229/night
	Artist, 2 people, USD 139 – 179/night
	Deluxe Queen, 2 people, USD 129 – 169/night
	Standard Queen, 2 people, USD 89 – 129/night
Catering	with continental breakfast
Access by (public) transport	
	next train station: Montgomery Bart Station, 3 blocks
	next airport: San Francisco International Airport, 14.3 miles (23 km)

Photo: Jack Hollingsworth

Tips

The SF Playhouse – intimate alternative theater (www.sfplayhouse.org)

ArtSpan – San Francisco OpenStudios and good local visual art info (www.artspan.org)

City Art Gallery – cool gallery in the Mission district (www.cityartgallery.org)

Artist-XChange – real and online gallery for local emerging artists (www.artist-xchange.com)

Red Poppy Art House – intimate setting for some great artistic performances (www.redpoppyarthouse.org)

Lobot Gallery – Oakland gallery of emerging artists and weekly performances (www.lobotgallery.com)

Southern Exposure – artists' run gallery collective (www.soex.org)

Cell Space – fun events and check out for 1st Thursdays (www.cellspace.org)

Phylum – local artists' blog (phylumcollective.blogspot.com)

Dhamaal Soundsystem – collective of audio artists (www.dhamaalsf.com)

GoCityKids – family-oriented guide (gocitykids.parentsconnect.com/region/san-francisco-ca-usa)

SFStation – insider's guide (www.sfstation.com)

Further information

Let the Hotel des Arts help you plan your next stay in San Francisco! Along with reasonable rates and excellent service, the Hotel des Arts can also help you plan your tours, dining, shopping and nightlife destinations. View the Hotel des Arts' private art gallery or latest exhibitions to discover the contemporary art of local artists. With the prime location of Union Square, Chinatown and the cable cars right outside its doorsteps, the Hotel des Arts makes it easy for you to discover the charm and culture of San Francisco!

21c MUSEUM HOTEL

Art enhances life. Whether it challenges or amuses, art has the power to provoke new ideas. Driven by the desire to bring art into people's daily lives and support the revitalization of their hometown, Laura Lee Brown and Steve Wilson founded 21c Museum Hotel in downtown Louisville, Kentucky in 2006.

Philanthropists and contemporary art collectors, Brown and Wilson renovated a series of 19th century tobacco and Bourbon warehouses to create the 90 room hotel, which combines world-class contemporary art, dining and hotel experiences. Contemporary art is integral to the experience of 21c Museum Hotel. Brown and Wilson believe that by engaging people not just in gallery spaces, but where they eat, and when they drive to work or walk down the sidewalk, they can show that art is not something that stands apart from life, but is a part of life.

Contact

21c Museum Hotel
700 West Main St.
USA – Louisville, KY 40202
Telephone +1-502-217-6300
            +1-877-217-6400 (toll free)
info@21chotel.com
www.21cMuseumHotel.com

Category	Hotel	
Comfort	high	
Language/s spoken		
	English	
Rooms	38 double rooms, from USD 229/person	
	7 suites	
	45 King suites	
Catering	no breakfast	
	bar and restaurant in the hotel	
Access by (public) transport		
	next airport: Louisville International, 8 miles (13 km)	

            WC P

Art by living artists is around every corner of the hotel – in the elevators, hallways, public restrooms, and in the restaurant and bar.

21c Museum is North America's first museum dedicated solely to collecting and exhibiting art of the 21st century. The 9,000-square-foot Museum is part of the 21c Museum Hotel, located in downtown Louisville's art and theater district. The exhibitions and installations of 21c Museum weave into the fabric of the hotel and the surrounding streetscape, with works of art filtering into both public space and unexpected places. There is no hierarchical demarcation between the areas of the Museum and the other public spaces of 21c. Works of art appear in elevators, public restrooms, sunken courtyards, hallways, guest rooms, the walls and corners of the Proof on Main restaurant and bar, and on the floor, windowpanes, roof, and the city sidewalk. The 21c Museum is open free of charge 24 hours a day, seven days a week.

Tips

Exploring downtown on foot (or on one of the 21c bicycles) is easy. All of the following attractions are easily accessible from 21c:

The Louisville Science Center, the largest hands-on science center in the Commonwealth and home to a four-story IMAX theatre.

Louisville Slugger Museum & Factory, home to the world's largest bat and open for tours daily.

Muhammad Ali Center, offering 2 1/2 levels of innovative exhibits, educational and public programming, and global initiatives to carry on Muhammad's legacy.

Frazier International History Museum, which covers 1,000 years of history.

The architecture along West Main, home to the largest collection of cast iron facades second only to New York's Soho neighborhood.

Old Louisville, the nation's largest preservation district of Victorian buildings. The neighborhood also hosts the renowned Saint James Court Art Show each October.

Further information

21c is nestled in the heart of Museum Row in downtown Louisville's historic West Main corridor. The union of 21c Museum Hotel, Proof on Main, and the 21c Museum create an exciting array of events, including artist lectures and dinners, a monthly film series, musical performances, and much more. As Louisville's unofficial cultural epicenter, 21c is where guests, artists, performers, thinkers, innovators and locals alike all congregate for culinary delights, innovative artwork, and a taste of the unique 21c experience. Both within its walls and beyond, 21c encourages the guests to explore all that the neighborhood has to offer.

Don't forget that Louisville is first and foremost an art city. The Louisville Orchestra, Kentucky Opera, Louisville Ballet, Actors Theatre, Speed Art Museum, Kentucky Museum of Art & Craft, Glassworks Studio are also within a short stroll of 21c. Also close by are the popular East Market Street galleries. This area is also referred to as NULU and is a growing hub for art galleries and restaurants.

ART HOUSE PONA

Das Art House Pona ist ein Gasthaus für Künstler und jedermann, der an der Freundschaft zwischen Deutschland und Georgien interessiert ist. Ausgangspunkt für Ihren perfekten Arbeitsaufenthalt oder Urlaub – mit Kunst, Wanderungen, Reiten, Mountainbiking im Herzen der Weinregion Kachetien im romantischen Tal des Flusses Kabali.

Das Haus ist ein Treffpunkt der georgischen und europäischen Kulturen, eine Stätte der Freundschaft zwischen allen Völkern Georgiens – Georgiern, Armeniern, Aserbaidschanern, Ossetiern, Russen, Dagestanern, Tschetschenen, Griechen, Ubiern und anderen. Pona ist ein kleiner kultureller Hotspot im Kaukasus mit einer Kunst- und Filmbibliothek und unregelmäßig stattfindenden Pleinairs und Gedichtlesungen.

Künstler, die über einen längeren Zeitraum zum Arbeiten bleiben, zahlen einen reduzierten Preis von 10 Euro/Nacht und werden gebeten, ein Kunstwerk der Sammlung des Hauses zu überlassen.

Kontakt

Hans Heiner & Teona Buhr
Kaukasus-Reisen
Via Sayat-Nova-Str. 17
GE – 0105 Tbilisi/Tiflis
Telefon +995-599-570554
info@kaukasus-reisen.de
www.arthousepona.blogspot.com
www.heinerbuhr.de

Kategorie	Gasthaus
Komfort	einfach
Sprachen	Deutsch, Englisch, Russisch, Georgisch
Zimmer	4 DZ, EUR 25/Person, Kinder EUR 10
	Das Haus ist nicht ganzjährig besetzt ist; wir können Gäste nur nach kurzer Voranmeldung (ca. 1 Woche) aufnehmen.
Verpflegung	Ü, ÜF, HP, VP
Anbindung	nächster Bahnhof: Telawi, 50 km
	nächster Flughafen: Tbilisi/Tiflis, 150 km

Weitere Informationen

Kachetien ist die malerische ostgeorgische Weinregion. Pona befindet sich im Tal des Kabali-Flusses in 160 km Entfernung von der georgischen Hauptstadt Tbilisi (Tiflis).

Kachetien ist reich an kulturhistorischen Denkmälern der georgischen Kultur vom 6. bis 18. Jahrhundert und bietet mit seinen Nationalparks Tusheti, Lagodekhi und Vashlovani vielfältige sportliche und Freizeitaktivitäten

Hans Heiner & Teona Buhr

Wir sind ein georgisch-deutsches Ehepaar und selbst Künstler und Kunstlehrer und kennen das Land Georgien wie unsere Westentasche. Heiner ist ursprünglich aus Berlin und Dresden und heute ein in Tiflis sehr bekannter Künstler.

Durch unsere engen Kontakte zu vielen georgischen Künstlern, zu Fotografen und Galerien begannen wir vor etwa zehn Jahren selbst, Kunst zu sammeln. Wir haben heute Bilder von Künstlern wie Karlo Kacharava, Otari Chkhartishvili, Oleg Timchenko, Avto Meskhi, Kosto Sulaberidze, Nugzari Natenadze, Vakho Bugadze sowie von einigen deutschen

und holländischen Künstlern. Einen Teil unserer Sammlung können Sie hier anschauen: www.independent-collectors. com/profile/hans_heiner_buhr/.

ART-PENSION »MURTAZI«

The art pension »MURTAZI« offers inexpensive accomodation in an artistic ambience and amiable atmosphere to travellers, backpackers and holidaymakers interested in art in Georgia in the Caucasus.

The friendly rooms are located in a villa with studios of the Georgian artist family Shvelidse not far from the centre of Tiflis in the urban district of Saburtalo.

Apart from the double/twin rooms two spacious, light studios with a terrace can be rented on a weekly basis by artists or anyone interested in art and culture.

We offer homemade Georgian and European dishes.

Contact

Murtaz Shvelidze
29 Picasso str.
GE – 0183 Tbilisi/Tiflis
Telephone +995-532-2328046
Mobile   +995-555532147
artpensionmurtazi@gmail.com
www.artpensionmurtazi.blogspot.com

Category	Private/Guesthouse
Comfort	intermediate
Language/s spoken	
	English, German, Russian, Georgian
Rooms	1 single room, 2 double/twin rooms,
	1 family room
	EUR 25/person
Catering	with breakfast
Access by (public) transport	
	next train station: Vaja Pshavela Metro Station, 300 m
	next airport: Tbilisi/Tiflis, 24 km

Further information
Location: Caucasus, north of Turkey
Area: 69,700 km² (26,911 miles²)
Population: 5 million (UN estimate 2005)

Much of Western Georgia lies within the northern periphery of the humid subtropical zone with annual precipitation ranging from 1,000 – 4,000 mm (39.4 – 157.5 in). The precipitation tends to be uniformly distributed throughout the year, although the rainfall can be particularly heavy during the autumn months. The climate of the region varies significantly with elevation and while much of the lowland areas of western Georgia are relatively warm throughout the year, the foothills and mountainous areas (including both the Greater and Lesser Caucasus Mountains) experience cool, wet summers and snowy winters (snow cover often exceeds two meters in many regions). Georgian culture evolved over thousands of years with its foundations in Iberian and Colchian civilizations. Georgian culture was influenced by Classical Greece, the Roman Empire, the Byzantine Empire, and later by the Russian Empire. Georgia is well known for its rich folklore, unique traditional music, theatre, cinema, and art. Georgian cuisine and wine have evolved through the centuries, adapting traditions in each era. Tbilisi is the capital and the largest city of Georgia, lying on the banks of the Mt'k'vari (Kura) River.

Murtaz Shvelidze
I, Murtaz Shvelidze, the host of the Art-Pension, am directly related to art. I am a well-known modern artist and I had exhibitions and took part in biennales in Georgia, Lithuania, Germany, Armenia and other countries.

Tips
In Tiflis there are 12 big museums, 22 private art galleries and six exhibition halls, which also present contemporary Georgian art. Three of them – the Art Museum, the Historical Museum and the National Gallery – are connected to form a museum lane.

The hot sulphur springs have a beneficial healthy effect.

At www.goruma.de there are great tips and information about the city.

This Art-Pension is my family home. I and my father Bejan Shvelidze, who is also an artist, have the workshop in the Art-Pension and the interior of the whole guesthouse is full with our works. Art is not only my profession, but it is also my whole life. I always participate in art activities and I am familiar with modern trends and popular artists of Georgia.

Conversations with guests are welcome, of course. Mostly, people who are somehow connected to art come to stay here, but any kind of people are welcome.

ART VILLA GARIKULA

Art Villa Garikula is located in the village Akhalkalaki in Georgia's Shida Kartli Region which is especially rich in historical monuments. It is located near the Rkoni Valley which is a natural heritage site, 80 km west of the capital of Georgia – Tbilisi.

Karaman Kutateladze

Art Villa Garikula – art residence and international center for contemporary art, was founded in 2000 by Karaman Kutateladze, famous artist and art teacher.

Garikula is driven by the passion to create an environment where artists can live and work together as a team. It aims to serve as a platform of exchange and col-

Contact

Karaman Kutateladze
Beletski Palace
GE – Village Garikula, Kaspi District
Telephone +995-595-152152
              +995-599-938566
              +995-577-452452
contact@garikula.org
www.garikula.org
www.festinova.com

Category	Art Residence
Comfort	basic
Language/s spoken	
	English, Russian, French, Georgian
Rooms	2 single rooms, EUR 20/person
	2 double/twin rooms, EUR 20/person
	2 family rooms, EUR 20/person
	All together the villa can take around 16 people. There are two large rooms which can take up to 6 people and can serve as a family unit. The rooms are adjustable. Prices are calculated per person.
Catering	Full board (above prices include 3 meals per person per day). Half board or breakfast only offer are also possible at a lower rate.
	café in the house
Access by (public) transport	
	next train station: Kaspi, 11 km
	next airport: Tbilisi/Tiflis, 80 km

laboration between Georgian and international contemporary artists of all media.

The residence is located in a historical monument – the so called Bolgarski Citadel – which was built as a summer residence in 1885. The Polish engineer and architect enjoyed his own generated electricity and a complex system of water filters and drainage that helped him in agricultural production and export. After the Soviet revolution, the citadel served as an army base and an orphanage. The last successor of the Bolgarski family, painter Vera Beletski, wished to create an art school in the building.

In 2000, together with his students from Tbilisi State Academy of Fine Arts, Karaman Kutateladze started to restore the building which at that time stood in complete obsolescence. Since then, the villa has become a favorite place for art students, artists from Georgia and abroad.

Garikula's residency program offers creative space where artists are provided accommodation and studios all year round.

Art Villa Garikula's premises include a wine cellar, meeting room or exhibition space, studios, bedrooms, kitchen and terraces, dining room, balconies and tower as well as a separate building for bathrooms. Spacious balconies with 19th century French tiles and terraces with ceramic floors are used as summer studios. In the yard there is a small shop, a café during the summer season, an open studio and exhibition pavilion. The fourth floor tower overlooks a garden, orchard, the vineyard and the outermost part of the village and has a beautiful view of mountains to the North and South, including the Caucasus and Trialeti ranges.

Conversations with the host are welcome. He can give the guests an insight into Georgian contemporary art, art in

Tips

Center of the region is the town Gori, birthplace of Stalin, which house is the museum of Soviet Occupation.

The ancient cave city of Uplistsikhe is one of the most picturesque heritage sites in the area.

The region is rich in Georgian medieval architectural sites, such as Ateni Sioni, Ikvi, Pavnisi, Etsatsminda, Samtavisi, Rkoni monastery.

the Soviet Era and the transformation it went through during the transition period. The host is a descendant of the Zdanevich brothers, famous Polish artists who spent most of their lives in Georgia and became part of the Georgian artistic elite of the early 20th century. They largely contributed to the development of Georgian Avant-garde art of the 1920ies. They were innovators, masters of their work, who strove to maintain the high and elite level of art all the time. The Georgian public is especially grateful to the Zdanevich brothers for the discovery and appreciation of the art of the greatest Georgian painter – Niko Pirosmani.

In 2009 Art Villa Garikula launched its Annual International Festival of Contemporary Art in honor of the Zdanevich brothers – Fest i Nova. In 2011 the festival had participants from 12 countries.

The history of the place together with the beautiful landscape creates a creative working space for artists and other visitors.

ARTIST HOTEL

It was in 1998, when Helmut Pachler from Austria landed in the ancient Rajput Town of Jaisalmer. By coincidence he learned about the caste of musicians and storytellers of the Jaisalmer District, the Manganiyars.

These former nomads responded poorly to the attempt of settling in an Artist Colony in Jaisalmer Town. In the old days the Manganiyars had been responsible for news spreading, preserving the history, teaching the desert communities about rainwater harvesting, hydraulic architecture, entertainment etc. They had been highly respected for their work.

Having been forced to settle they rapidly lost their former tasks to modern mass media and were reduced to perform to the tourists to make a living. Their value for the society decreased, as did the respect they got in former times. As a result of all this, they are losing their vast knowledge and struggle for survival. By

Contact

Helmut Pachler
Artist Colony
Jaisalmer
IND – 345001 Rajasthan
Telephone +91-(0)2992-252082
artisthotel@yahoo.com
www.artisthotel.info

Category	Hotel
Comfort	basic
Language/s spoken	
	English, German, French
Rooms	3 single rooms, INR 280/night
	4 double/twin rooms, INR 400 – 600/night
	1 family unit, INR 1,000/night
Catering	no/with breakfast, half pension, full pension
	café and restaurant in the hotel
Access by (public) transport	
	next train station: Jaisalmer, 3 km
	next airport: Jodhpur, 300 km

this the cultural knowledge from millennia, only traded orally, is going to be extinct.

Helmut Pachler, back in Austria, sold his land and his flat there, returned to India and started to build the Artist Hotel.

The profits (if there are any) as well as Helmut's pensioner's check go exclusively to the support of the Manganiyars for schooling, medical care and emergency funds.

Artist Hotel involves its guests as far as possible in all of this. There are Manganiyars, Bhopas, Kabelias and other musician casts performing every night at Artist Restaurant (»the cleanest and most delicious food in town«, Lonely Planet review). Our artists perform, teach and inform their auditory and invite them home to show how they live. Helmut himself guides to Hydraulic Architecture, artificial oasis, ghost cities of the Palival Brahmins etc. He is ready to share his historical competence with his guests at any time. You land in medieval times here, the traditions of old Rajputana (land of the Kings) are vivid and not a single modern building is disturbing the

Tips

Fort, palaces, temples, music, stone carvings, blacksmiths, pottery, textile art, more than 100 restaurants, more than 100 hotels, desert tours, village camps.
For more tour information, accomodation, adventure tour and pilgrimage contact: www.deshantar.com.

spectacular view of the ancient place. Don't mind if you meet Harun al Rasheed in the picturesque alleys and be aware that the world is still a disk and not a globe. Jaisalmer is the centre of the Thar Desert and the guided camel trips to the dunes and villages are legendary.

You will find more than 100 hotels and many of them are good, but Artist Hotel is definitely unique, there is no similar place in Jaisalmer.

Further information
Ancient Rajput city with fort, homogenous architecture of traditional masonry work – World Heritage of UNESCO.

REFLECTIONS

After successfully starting in Bangkok, Thailand with the beach project »Sang Arun – Good Morning«, we opened our Kambodian site in summer 2011.

Located in the middle of the city, not very far from Angkor Wat, the hotel has all together 16 rooms.

The project took already almost seven months of artist work. We work with a lot of artists from China, Belgium, USA, Thailand, Italy, Denmark, and a group of disabled women from Cambodia who showcase their works. Women's artwork here in Cambodia is so far rarely to be seen. Their project is called »Peace for Cambodia«. They paint the forest and 100 birds with the meaning of peace and happiness. My friend from Australia just built a school for 70 kids near Angkor

Contact

Mr. Un Karona
445 Wat Bo Road
Phum Watbo
Khun Salakomreuk
Siem Reap District
Siem Reap Province
Cambodia
Telephone +855-972111158
an.reflections@gmail.com
www.reflections-thai.com

Category	apartment/holiday unit
Comfort	intermediate
Language/s spoken	
	Thai, English
Rooms	16 rooms, prices on request
Catering	with breakfast
	bar and restaurant in the house

Access by (public) transport
train travel in Cambodia:
www.seat61.com/Cambodia.htm
next airport: Phnom Penh International Airport

Wat. All these kids have never been to school. They always need someone who helps them with the language. My Danish friends teach them art.

All these kids need more than that: We are thinking of someone who likes to come for visits and teaches them something for a better future, but starts with art – I think, art always helps.

Tips
www.tourismcambodia.com
www.culturalprofiles.net/cambodia
www.cambodia-tourism.org

Anusorn Ngernyuang

I work and produce kitsch every day, and kitsch is everywhere around me. I love colours and enjoy it when people smile or laugh about these simple things. I also produce a lot of used and off print rice bags in different shapes like furniture, bags or wallpaper, also for my hotel rooms. I export all over the world.

For me, art is everywhere, depending on how you see it. I love to produce art to be used and within reach. You can just walk past and feel it: In my place there is a lot of crazy and kitsch, everywhere and every time you can see different things – and people like to buy them and take them home.

We got no star. Only people come here who enjoy art, peace and silence. It is a good place for doing nothing. There are some artists here who teach art like painting. People come back every year. This place is also good for children and families, because the sea here is clean and not too deep. We can serve 20 to 25 guests.

The house is only ten steps from the sea. We don't promote it much, because we love to keep it as it is. Lots of people keep this place and this area as their second home.

VILLA DIEU SEUL SAIT
TRÄGER: KULTURFORUM SÜD-NORD E.V.

Die Artists' Residence wurde von dem international bekannten Künstler Georges Adéagbo und dem Kuratoren Stephan Köhler 2001 gegründet.

Sie ist nur 300 m vom Strand und nur 25 Minuten von der Metropole Cotonou mit ihrem Flughafen in noch unberührter Natur gelegen.

Die Architektur ist angelehnt an traditionelle Bauweisen Benins: Reetdächer und mit roter Tonerde verputzte Mauern, der Garten mit seiner tropischen, ganz-jährig blühenden Bepflanzung ist in mehrere Höfe aufgeteilt und bietet viele schattige Ruheareale mit großen Liegen aus Teak.

Der Ort ist ideal für eigenständige künstlerische Projekte und Recherchen. Gelegentliche Orientierungsgespräche mit den Gastgebern sind möglich, jedoch

Kontakt

**Stephan Köhler &
Georges Adéagbo**
Republik Benin, Routes des Peches, Togbin Plage
Postadresse: RPB – 08 BP 537 Cotonou
Telefon +49-(0)171-6428080
       +229-(0)90-948975
stepler@attglobal.net
Kopie an: togbin@gmail.com
www.jointadventures.org
www.artistsretreat.org

Kategorie	Apartment/Ferienwohnung
Komfort	einfach/mittel
Sprachen	Englisch, Deutsch, Französisch, Italienisch
Zimmer	Apartment: EUR 30/Übernachtung ohne Frühstück
	Zimmer: EUR 18/Übernachtung ohne Frühstück
Verpflegung	Halbpension möglich, aus eigener Ernte bieten wir Papaya, Kokos und Bananen, vom Strand frischen Fisch je nach Laune des Meeres. Kleine Bistros am Strand und Restaurant in der Nähe.
Anbindung	nächster Flughafen: Cotonou, 8 km

wird selbstständiges Erforschen von den Besuchern erwartet.

Bisher kamen FilmemacherInnen, AutorInnen, KuratorInnen, KünstlerInnen, WissenschaftlerInnen. Ein Kontakt mit der Landbevölkerung und Stadterlebnisse sind gleichzeitig möglich. Grundkenntnisse des Französischen können sehr nützlich sein.

Gelegentlich wird gemeinsam gekocht, meistens zusammen gefrühstückt. Der 7.000 m² große Garten mit Schatten und vielen Orchideen und der nahe gelegene Strand laden zum Verweilen und Flanieren ein.

Wer ein Kontrastprogramm wünscht, erreicht mit dem Auto in etwa 25 Minuten Cotonou; die Stadt bietet Einkaufsmöglichkeiten, Apotheken und Internet-Cafés.

Tips

Besuche in der Lagunenstadt Ganvie

Fête de Vodou, jedes Jahr am 10. Januar

zahlreiche Bistros am Strand

DADDY LONG LEGS ART HOTEL

It all started from humble beginnings, one simple idea: to offer travellers spacious, creative, spotless and good value accommodation. Obtaining all these goals together isn't easy, nor is it the norm in the travel industry. Then again our guests aren't those who follow the beaten path. They are independent, creative, forward thinking travellers who don't want to stay in another regular hotel room in another regular city on another regular holiday.

Staying in the Daddy Long Legs Independent Travellers Hotel is like being part of an interactive art exhibition. The thirteen-room boutique backpacker is quite

Contact

Francois van Binsbergen – GM
134 Long Street
RSA – Cape Town, 8010
Telephone +27-(0)21-4223074
reservations@daddylonglegs.co.za
www.daddylonglegs.co.za

Category	Hotel
Comfort	intermediate
Language/s spoken	
	English, Afrikaans, Xhosa
Rooms	13 double/twin rooms,
	ZAR 675/night excluding breakfast
Catering	with breakfast
	bar in the hotel
Access by (public) transport	
	next train station: Cape Town, 2 km
	next airport: Cape Town, 15 km

       P

Tips
We can book tours, restaurants and give advice on
local galleries and shows.

Photos: Antony Smyth

unlike anything else in South Africa. Not
only is each room uniquely decorated by
an artist, poet, photographer, designer or
musician, but they were also afforded
complete freedom to interpret the space
as they pleased, resulting in a collection
of hotel rooms that are an adventurous,
humorous (and sometimes ironic) repre-
sentation of Cape Town's contemporary
cultural landscape.

Further information
Cape Town CBD is a lively cosmopolitan
area filled with shops, artists and city life.
Cape Town is surrounded by mountains,
lovely beaches and wine lands. Take the
cable car up to the Table Mountain to
enjoy a great view over the city and the
sea.

Francois van Binsbergen
When creating the place, Francois van
Binsbergen and his team wanted to reflect
and show off Cape Town's art scene.

Each room is designed by a different
local artist, giving each room a different
theme. We also have regular art and music
exhibitions.

Art showcases our local talent: Our
guests get to experience something totally unique by choosing their rooms.
Guests can also purchase our art from
our exhibitions.

Conversations with guests are welcome. Each guest gets a free welcome
drink and enjoys the free entertainment
the hotel has to offer.

THE CULLEN
ART SERIES HOTEL GROUP

The Deague family, described as »the Medicis of Melbourne« by Australia's greatest living artist John Olsen, are the owners behind the burgeoning hotel empire, the Art Series Hotel Group. Combining a long time passion for the arts and a desire to take part in the global boutique hotel trend led to the inception and now roll out of three hotels in Melbourne, each named after a famous Australian artist.

Every hotel features a major artwork commissioned especially for the hotel foyer by the naming artist, including Adam Cullen's »Ned Kelly Series«, in the foyer of Prahran hotel The Cullen and the six meter mural »Yarra and the Splendid Sun« set in the spectacular glass foyer of The Olsen. Prints and a photographic history of the artist's life adorn walls of rooms and public spaces of the hotel while the architecture, interior design, linen and stationary reflect each artist's style.

Contact

The Cullen
164 Commercial Rd
AUS – Prahran 3181 VIC
Telephone +61-(0)3-90981555
info@artserieshotels.com.au
www.artserieshotels.com.au

Category	Hotel
Comfort	high
Language/s spoken	
	predominantly English
Rooms	119 luxury suites,
	prices vary according to season and events
Catering	café, bar and 2 restaurants in the hotel
Access by (public) transport	
	next train station: Prahran, 0.4 km
	next airport: Melbourne, 27 km

[THE CULLEN]

The group's in house curator, Jane O'Neill, works closely with the artists to create a special art experience for guests and a bridge between visitors to Melbourne and the Australian contemporary art scene.

The Art Series Hotels' concept is the brainchild of Melbourne dynamo Will Deague. The first hotel, The Cullen, opened in November 2009, followed by The Olsen in March 2010 and The Blackman in August 2010. The Art Series Hotel Group is part of the Melbourne based Asian Pacific Group Corporation.

- penthouses
- restaurants
- bike hire
- gym facilites
- Smart car hire
- art tours

Tips

Victoria has a lively art and culture scene. Be it alternative galleries or great art museums, visual arts and crafts or the public City Lights programme in trams and along the Yarra river: They all represent the diverse cultural history of Australia and Victoria.

Apart from the National Gallery of Victoria (www.ngv.vic.gov.au) especially the Heide Museum of Modern Art is outstanding with its exhibition of contemporary art and architecture and its Café Vue at Heide (www.heide.com.au).

As UNESCO City of Literature Melbourne has an adequate wide and ambitious offer in this field as well.

More on www.visitvictoria.com

MONA PAVILIONS

Located at the Moorilla vineyard site, 15 minutes from central Hobart, the Museum of Old and New Art is Australia's newest and most challenging art destination.

Its owner, multi-millionaire art collector, investor and arts patron David Walsh, says, »The museum is my soap box and I've got one hell of a megaphone«. He says he is offering ›an adult Disneyland‹.

At 6,000 m² Mona is Australia's largest private museum with three subterranean levels of concrete and corten steel built against a 240 million year old sandstone cliff face.

Contact

Mona
655 Main Road
AUS – Berriedale 7011 TAS
Telephone +61-(0)3-62779900
accommodation@mona.net.au
www.mona.net.au

Category	Apartment/Holiday Unit
Comfort	high
Language/s spoken	
	English
Rooms	4 double bedroom pavilions, from AUD 580/night
	4 single bedroom pavilions, from AUD 490/night
Catering	with breakfast
	café and bar in the museum
Access by (public) transport	
	next airport: Hobart Airport, 18 km

Further information

Hobart is the capital of the island state of Tasmania. It is a small city of around 200,000 people. Tasmania is Australia's only island state with a total population of 500,000. The island is known for its clean air and water, temperate climate and 40 % of its landmass is protected as national parks and reserves.

David Walsh

David Walsh bought Moorilla in 1995 and later established the Moorilla Museum of Antiquities. Since then he has developed the vineyard to now include: The Ether Building, with The Source Restaurant, Moo Brew micro-brewery and cellar door, and the Wine Bar. There are also four one-bedroom and four two-bedroom accommodation pavilions each with original artworks.

Tips

MONA Museum of Old and New Art (www.mona.net.au)

Salamanca Market in Hobart, every Saturday: Over 300 stallholders sell fresh and gourmet produce, arts, crafts and handiwork crafts from all over Tasmania, interstate and overseas.

KUNST-VOLLE LEKTÜRE

Wann, wenn nicht auf Reisen, im Urlaub, in anderer Umgebung hat man Zeit zu lesen – all das, was man sonst nicht schafft, wo die Muße fehlt. Manchmal nehmen einen Bücher aber auch mit auf die Reise. Damit Sie auch bei Ihrer Unterwegs-Lektüre »In Bed With Art« sind, haben sich Sandra Hiemer von der Hamburger Buchhandlung Felix Jud (www.felix-jud.de) und Katharina Knieß auf die Suche nach Büchern gemacht, die das art-ige Angebot komplettieren.

DEUTSCHLAND

Susanne Graf: Der Bildermacher.
Wie ein Kunstwerk sitzt der bekannte Künstler auf einem Stuhl, von oben bis unten gelb lackiert. Doch er ist tot. Ermordet. Eine junge Kriminalkommissarin ermittelt im Künstlermilieu und muss sich mit Bildhauern, Schauspielern und Galeristen auseinandersetzen. Und schon taucht die zweite Leiche auf. Diesmal ist sie grün ...
(Heyne, ISBN 978-3-453-43438-7)

Alexander Bertsch:
Die Liebe, die Kunst und der Tod.
Inszenierte Morde in der Kunstszene – in diesem Psychogramm wird man behutsam auf die Spuren eines narzisstischen Täters geführt. Das teilweise satirische Spiegelbild der Kunstszene einer beliebigen Stadt in der Nähe zum Elsass ist aber die Bühne einer ungewöhnlichen Liebesbeziehung. Dies ist versöhnlich in dem streckenweise verstörenden Krimi, denn sie wird getragen von der heilenden Kraft der Kunst.
(Hackenberg, ISBN 978-3-937280-06-6)

Hans Krieger: Kunstbrand.
Diese satirische Erzählung über den zeitgenössichen Kunstbetrieb stammt aus der Feder eines bekannten Kulturkritikers. Streckenweise überzeichnet, lässt er seine durchaus ablehnende Haltung gegenüber der Gegenwartskunst durchscheinen. Trotzdem: Es bringt Spaß, diese Satire um Ambition, Eitelkeit und Ehrgeiz zu lesen, die vom Starkünstler Benno Hochkepp handelt. Dazu wurde er von seinem Galeristen und von den Medien gemacht. Ist es nun ein Aufbegehren oder ein Marketingtrick, als der Künstler seine Videoinstallationen verbrennt?
(St. Michaelsbund, ISBN 978-3-939905-39-4)

Susanne Kronenberg:
Kunstgriff: Norma Tanns dritter Fall.
Kunstraub in Wiesbaden. Ein wertvolles Gemälde des berühmten Expressionisten Alexej von Jawlensky wird gestohlen. Der Dieb fordert ein Lösegeld und droht andernfalls, das Kunstwerk zu zerstören. Ein Fall für die Privatdetektivin Norma Tann, die unter falschem Namen in eine Wohngemeinschaft zieht und die Spur des Bildes aufnimmt. Die Galeristin Undine Abendstern hat ihre guten Gründe, nicht die Polizei einzuschalten.
(Gmeiner, ISBN 978-3839210482)

Wolfgang Felten:
Die Sammlerfalle: Kunst-Sammeln-Reisen.
Der Autor zappelt in seit über dreißig Jahren in der »Sammlerfalle«. In der Erzählung nimmt er die Leser mit auf eine amüsante, abenteuerliche und vor allem informative Reise in die Welt der Künstler, Kunsthändler und Sammler, die ihn von New York bis Kambodscha, von Belgien bis Burma führt. Mit Selbstironie und teilweise entwaffnender Offenheit ermöglicht er einen spannenden Blick hinter die Fassaden des Kunstmarkts und einen lebendigen Zugang zu Fragen des Sammelns.
(Buch & Media, ISBN 978-3865203861)

Wolfgang Müller: Kosmas. Satirischer Roman.
Auch wenn der Autor manchmal doch
arg auf die Satiredrüse drückt: Es hat
schon etwas, wenn der Kunststudent
Damien Hirst tote Schnaken konserviert.
Entdeckt vom Werbetycoon Charles Saat-
chie, fordert dieser großformatige Werke.
Hirst sucht Hilfe beim Leichenpräparator
Gunther von Hagens. Und in Singapur
überzeugt Sanusi Lamido den depressiven
Milliardär Aloysius Tong davon, moderne Kunst zu sammeln. Mit Erfolg: Tong
wird ein glücklicher Kunstsammler, kauft
einen präparierten Hai und stellt ihn in
sein Büro. In der Folge steigen seine Um-
sätze. Doch bald beginnt der Fisch zu fau-
len. Nachbarn prozessieren wegen Geruchs-
belästigung. Doch der fanatische Kunstsammler gewinnt alle Prozesse.
(Verbrecher, ISBN. 123-123-188-99-6)

ÖSTERREICH / DEUTSCHLAND

Wilfried Steiner: Bacons Finsternis.
Die Betrachtung eines Triptychons von
Francis Bacon im Wiener Kunsthistori-
schen Museum kann Liebesqualen lin-
dern – wer hätte das je gedacht? Aber
Wilfried Steiners Roman gelingt diese
Deutung als literarischer Kunstgriff bra-
vourös mit exzellenten Bildbeschreibun-
gen und einfühlsamen Bemerkungen zur
Künstlerpersönlichkeit Bacons. Hervorragend gelungen sind die Verbindungen
zur britischen Kunstszene um Damien
Hirst, Charles Saatchi oder Lucian Freud.
Auch einer der wichtigsten Dichter des
20. Jahrhunderts, der aus Hamburg
stammt, wird in diesen Kunstkosmos
überraschend und erhellend eingereiht.
Die charmante Beschreibung Hamburger
Schauplätze macht diese fesselnde Geschichte um Kunstgenuss und Sammler-
leidenschaften ganz nebenbei zu einem
unverzichtbaren Hamburg-Roman.
(Paul Zsolnay, ISBN 978-3-552-06144-6)

SCHWEIZ

**Michel Richter, Ruth / Richter, Konrad:
Wandern wie gemalt. Auf den Spuren bekannter Gemälde im Berner Oberland.**
In 14 Wanderungen stellen die Autoren
22 Gemälde, Stiche und Werbeplakate
vor, die das Berner Oberland darstellen.
Sie nehmen einen mit auf Motivsuche von
Malern wie Caspar Wolf, Ferdinand Hod-
ler und Paul Klee. Biografische Informationen über die Künstler, kultur- und
kunsthistorische Überlegungen und Kar-
ten und Routenangaben helfen, die
Routen nachzugehen und mit den Augen
der Maler zu empfinden.
(Rotpunkt, ISBN 978-3-85869-431-7)

ITALIEN

Irving Stone: Michelangelo.
Die Romanbiographie zeichnet das Leben
des Künstlers und sein einzigartiges Werk
nach. Viel ist über Michelangelo geschrieben worden, aber nie fühlt man sich diesem Genie menschlich näher als in Irving
Stones Porträt. Zugleich ist ihm eine ein-
gängige Darstellung der bewegten Epoche
der italienischen Renaissance gelungen.
(Rowohlt Taschenbuch, ISBN 978-3-499-22229-0)

Fred Vargas: Im Schatten des Palazzo Farnese.
Auf dem europäischen Kunstmarkt taucht
aus obskurer Quelle eine unbekannte
Michelangelo-Zeichnung auf. Wurde sie
aus den Archiven des Vatikans gestohlen?
Ein Pariser Kunsthistoriker mischt sich in
den Fall ein und wird schließlich vor dem
Palazzo Farnese ermordet.
(Aufbau TB, ISBN 978-3-7466-1515-8)

Henning Boëthius: Die blaue Galeere.
Im Genua der Renaissance: eine Geschichte von Liebe und von der Liebe zur Kunst.
Der von der Inquisition verfolgte flämi-
sche Maler Jan Massys findet 1550 Zu-

KUNST-VOLLE LEKTÜRE

flucht in der Hafenstadt Genua. Er, der Frau und Kinder in Antwerpen zurücklassen musste, scheint alles verloren zu haben – da erhält er völlig überraschend den Auftrag, das Porträt des mächtigsten Mannes der Stadt zu malen.
(btb, ISBN : 978-3-442-73488-7)

ENGLAND

Vanora Bennett: Bildnis einer jungen Frau.
Der berühmte Maler Hans Holbein kommt aus Basel nach England in das Haus von Sir Thomas More mit dem Auftrag, dessen Porträt zu malen. Holbein lernt während seines Aufenthaltes nicht nur den Kanzler Heinrichs des VIII. besser kennen, sondern auch dessen Ziehtochter Meg.
(Fischer Tb., ISBN 978-3596176236)

FRANKREICH / PARIS

Ken Follett: Der Modigliani-Skandal.
Die junge Engländerin und ihr amerikanischer Freund stoßen in Paris auf die Spur eines verschwundenen Meisterwerkes – ein Bild des berühmten Malers Amedeo Modigliani. Diebstahl, Betrug und vielleicht Mord sind im Spiel. Und keiner weiß: Gibt es den Modigliani wirklich? Und wenn ja, ist er echt?
(Bastei Lübbe, ISBN 978-3-404-11675-1)

**Forster, Margaret:
Ein Zimmer, sechs Frauen und ein Bild.**
Ein Bild geht auf Reisen. Es wurde 1907 in Paris von der walisischen Malerin Gwen John gemalt. Im Lauf eines Jahrhunderts geht es verloren, wird gestohlen, verkauft, verschenkt und schließlich vererbt – sein Weg führt an unterschiedliche Orte und in den Besitz ganz unterschiedlicher Frauen. Zuletzt kehrt es dahin zurück, wo alles begann: in ein lichtes Zimmer über den Dächern von Paris.
(Fischer Tb., ISBN 978-3-596-17581-9)

Gregoire Bouillier: Der Überraschungsgast.
Als ihn die Frau, die ihn vor Jahren kommentarlos verließ, plötzlich anruft, rechnet der Nobody Grégoire mit allem, bloß nicht damit: Sie lädt ihn als Überraschungsgast auf die Geburtstagsparty der berühmten Künstlerin Sophie Calle ein, bei der die Crème de la Crème der Künstlerszene zusammenkommt.
(Fischer Tb., ISBN 978-3-596-18498-9)

JAPAN

Kazuo Ishiguro: Der Maler der fließenden Welt.
In den dreißiger Jahren hat der Maler Masuji Ono seine Kunst in den Dienst der japanischen Expansionspolitik gestellt. Und macht sich zum Fürsprecher eines neuen »patriotischen Stils« in der Malerei. Er wurde Berater des Kulturministeriums. Kazuo Ishiguros eindringlicher, meisterhaft erzählter Roman über einen nicht einmal so unsympathischen Experten des Verdrängens lässt das vom Krieg zerrüttete Japan der Nachkriegszeit wieder auferstehen.
(btb, ISBN 978-3-442-72739-1)

CHINA

Silke Scheuermann: Shanghai Performance.
Die berühmte Performance-Künstlerin Margot Wincraft arbeitet mit Models auf der ganzen Welt. Eines Tages nimmt sie überraschend das Angebot einer unbekannten Galerie in Shanghai an. Ihre Assistentin Luisa kann dem Projekt nicht viel abgewinnen. Für sie ist China als Kunstmarkt passé. In der jungen Galeristin, die alles für Margot organisiert, wittert Luisa eine Konkurrentin. Der Roman liest sich wie ein schillernder Reiseführer durch das atemberaubende Shanghai und seine pulsierende Kunstszene.
(Schöffling, ISBN 978-3-89561-373-9)

KUNST AUF DEM iPad LESEN

Das KUNST Magazin lässt sich wunderbar auf dem iPad lesen. Die aktuellen und alle jemals erschienen Ausgaben stehen auf **www.kunstmagazin.de** als PDF Downloads kostenfrei zur Verfügung!

Impressum

Die Deutsche Bibliothek

Detaillierte bibliografische Daten sind im Internet unter http://dnb.ddb.de abrufbar.

1. Auflage 2011

ISBN 978-3-937787-28-2

Autorin
Katharina Knieß

Grafikdesign
Stefanie Kordus

Lektorat
Claudia Harfst

Copyright
Verlag hellblau. GmbH & Co. KG, Essen
www.verlag-hellblau.de